サウンドパワー

わたしたちは、いつのまにか
「音」に誘導されている!?

プレリュード

ニューヨークのジュリアード音楽院で楽器（ピアノ）演奏を学んでいた私は、「クラシック音楽」の演奏者から、音の探求者となりました。音楽が、「紙の上の点（音符）」以上のものなのだということに気づいてしまったからです。

たとえば、音符の上につけられた「・」。これはスタッカートという記号で、その音を「短く切って演奏する」という意味です。しかし、ひとくちに「短く切って演奏する」といっても、どんなふうに「短く切って」表現するかは実にさまざまです。ワイングラスの口を金属のマドラーで「チン！」とたたく音、木魚をたたく音、釣り鐘を金属性のトンカチでたたく音、水たまりに落ちるひとしずくの音などなど。これらはすべて「短く切る音」です。

ジュリアードでは、演奏する楽曲の楽譜に対して、より一層注意深く「読譜」するようにという教授の指導を受けました。その結果、「紙の上の点」一つ一つについて、それがいったいどのようなサウンドをイメージして打たれた点であるかを、徹底的に考えるようになりました。先程のスタッカートの例でいうと、作曲家が意図したのは、どんな「短く切る音」だったのかを、深く深く想像することになったということです。

風にそよぐ木々の音、鳥のさえずり、荒れ狂う波、人々の話し声、子供たちの笑い声。音楽のベースには、わたしたちがふだん耳にしている「音」があります。しかし、作曲家によって綴られた楽譜に、そのような音は表現されていません。限られた記号でなんとか意図を伝えようという楽譜には、限界があるのです。

わたしたちが実際に聴く音楽は、楽譜に記されていることよりも、はるかに多くの情報から構成されている。

演奏するというのは、その意図を汲み取り、表現すること。

そのことに気づいて以来、楽譜に埋め込まれた作曲家の意図を入念に読み取ろうとするようになりました。

それと同時に、日常のなにげない「音」にも、日々注意深く耳を傾けるようになりました。

学生時代のある夏休み、日本に帰省した際に友人に連れられて行ったレストランで、「ジュージュー」とハンバーグが焼ける音。仕上げに目の前でソースがかけられ、さらに大きくなる「ジュージュー」音。

今こうしてPCに向かい、あの「ジュージュー」音を思い出していますが、あのときのハンバーグの美味しさやワクワクした感覚が呼び起こされ、また食べたくなってしまいました。

話が少しそれましたが、そんな日常のなにげないさまざまな音の効果によってわたしたちが感じることの多さ、深さに、一層興味が深まっていったわけです。

幸か不幸か、ニューヨーク・マンハッタンは24時間眠らない街。音の探求にはこと欠かない大変良い環境でした。

音への興味は尽きることなく、学生としての研究を修了してからも、恩師R・アブラムソン博士の指導のもと、音表現研究室で研究を続けていきました。そのなかで、さまざまな業種の民間企業に、サウンドアプローチを用いたマーケティング、経営戦略のコンサルティング、食べる・飲む感覚機能のコンサルティング、空間サウンドのコンサルティング、働く環境づくり（生産効率やストレス軽減）のコンサルティングなど行う機会を得ました。また、行政機関に対して、サウンドエクスプレッション（音表現）をどう戦略的に用いるかという分析も行っています。

音は、わたしたちの日常、オン・オフいずれのときにも欠けることのないものです。そのため、この探求にゴールはありません。課題を一つ解決すると、また新たな課題が生まれる。これがずっと続いていくのです。

ロングフライト中に食べるポテトチップスの美味しさ、隣の席で再生されている、私には音が聞こえないアクション映画の物足りなさ。グロッサリーストアで、買い物リストには書かれていない商品に手を伸ばし、リスト以外の商品を購入する。行ってみたかったお店にようやく訪れることができたのに、なんだか居心地が悪くてすぐに出てしまう。ふらっと入ったレストランがなぜだか居心地が良くて長居してしまう。

こういったことの背後にも、「音」があります。

わたしたちの感情・記憶・行動は、気づかないうちに「音」と深い関係で結ばれています。わたしたちには、母親のお腹にいるときから今日に至るまでの間、多くのサウンド・メモリーが蓄積されているからです。

身近にある「音」に耳を傾けてみると、ふだん気にしていなかったなにげない「音」がもっている、実はすごいパワーに気づくことができます。

今この瞬間も、何か「音」が聞こえていることでしょう。

本書が、「サウンドパワー」を意識するきっかけとなればとても嬉しく思います。

目次

第3章

わたしたちをとり囲む音の空間「サウンドスケープ」 047

第1章

なぜ、音には力があるのか？

あなたは、「音」と聞いて何を思い浮かべますか?

この質問を東京の講演の際に聴衆の方々に聞いたところ、もっとも多かったのが音楽。次にピアノ、トランペット、ドラムなど楽器の音。そして歌声でした。すべて「音楽」ですね。「音」という漢字のせいでしょうか、日本人は、「音=音楽」というイメージをもちやすいようです。

でも、**英語では、音はSOUND、音楽はMUSIC。実は、別のものです。**そして、本書は、サウンド、つまり「音」の力をお伝えする本です。

ではここで、「音=音楽」というバイアスを脇に追いやり、あらためて周囲の音に耳を傾けてみてください。

どんな音が聞こえてきますか?

話し声、車や電車などの乗り物の音、木々が揺れる風の音、打ちつける雨の音、心地よい小鳥のさえずり、歌声、救急車のサイレン、エアコンのファンの音、パソコンのタイピング音、コピー機の音、食器の重なる音、料理の音、隣の人の咳払い、本をめくる音、足音、咀嚼音……。

「音＝音楽」というバイアスが外れると、わたしたちの周囲は、数えきれないほど多くの「音」があふれていることに気づきませんか？

そう、「音」は、わたしたちの生活と切っても切れない密接な関係にあります。だからこそ、これをうまく活用すれば、大きな「強み」になります。

その音の力、それが「サウンドパワー」です。

サウンドパワーの世界へようこそ！

これから、まずは、そのパワーの中身を明らかにしていきましょう。

「音」はこんなにもたくさんの情報を発している！

「音」は、目に見えない、形のないものです。しかし、実にさまざまな情報をわたしたちに伝えてくれています。代表的なものをいくつかご紹介します。

［音色・音階］

▼まずは、みなさんお馴染みのドレミの組み合わせで奏でられる音楽。わたしたちは、その「音」の音色や音階を聞き分けることができます。

▼声の音色から、それが誰のものなのか、性別や年齢なども推測できます。

［距離や方向、動き］

▼サイレンを鳴らす救急車が遠くから近づいてくる音。そして遠ざかっていく音。わ

たしたちは、「音」によって、目に見えない何かが存在する「方向」や、そこまでの「距離」を知ることができます。

▼地下鉄の通路。背後を歩く誰かの足音。「音」は、背後の誰かが自分の後ろにいること、それが右側なのか左側なのか、急いでいるのかなどを教えてくれます。わたしたちは、「音」によって目には見えない誰かの行動を察知しています。

また、わたしたちは、「音」が伝える情報の組み合わせから、より繊細な情報を読み取っています。そこで呼び起こされた記憶や感情を、さまざまなアクションにつなげているのです。たとえば、次のようなものが挙げられます。

【危険の回避】

▼道路を歩いているときに聞こえてくる車のエンジン音やクラクションの音。わたしたちは、「音」を頼りに、車がどの方向から、どのくらいの速さで近づいているかを俊敏に察知することで、危険を感じ取ります。

【状態の変化を知る】

▼忙しい朝。美味しいお茶を淹れるために沸かしたやかんがシューシューと鳴る。わたしたちは、「音」によって、水が沸騰したことを知ります。

【感情を抱く・推測する】

▼浜辺を寄せては返す波の音。わたしたちは、「音」で「心地よさ」を抱きます。

▼愛する人の声。わたしたちは、そのメッセージではなく「音」から、その人の「感情」を読み取っています。

聴覚からの情報は視覚からの情報の2倍早く脳に伝わる！

音は、いうまでもなく、「視覚、聴覚、触覚、味覚、嗅覚」の五つの感覚機能のうちの聴覚によって感知されています。

五感のなかで、わたしたちがもっとも頼りにしているのは、視覚でしょう。一般に、視覚から得られる情報の量は、聴覚から得られる情報よりずっと多いものです。しかし、聴覚が視覚に勝る点もあります。それは、**刺激に対する反応速度**です。

視覚からの刺激が脳に到達するのに20〜40ミリ秒かかるのに対し、「音」は8〜10ミリ秒〈1〉。**聴覚からの情報への反応速度が、視覚の2倍以上も速い**ことを示した研究もあります。


具体例として、陸上競技をイメージしてみましょう。

100メートル走の記録にもっとも大きな影響を与えるのは、スタートダッシュだといわれます。つまり、「バン!」というピストル音を聴いた瞬間に、いかに早くスタートできるか。

2009年、陸上のウサイン・ボルト選手が、100メートル走で9秒58の世界記録を更新しました。スタートの際のボルト選手の反応時間は、なんと「0・146秒」。刺激が脳に到達し、筋肉を動かすまでの時間を考えると、ボルト選手は、わたしたち人間に備わる刺激への反応時間を最大限生かしていたといえます。

ここでもし、「旗を振る」「信号の色が変わる」などといった視覚系の合図が出されていたらどうなっていたでしょうか？　スタートの合図に反応して走り始めるまでにかかる時間は、もっとずっと長くかかっていたはずです。


このような速さの差は、情報処理のコマ数にも表れてきます。

視覚による情報処理は、1秒間に約25コマ（40ミリ秒に1コマ）だとされます（ちなみに、映画のフィルムは1秒間に24コマ。ディズニーのアニメ映画も1秒間に24コマだそうです）。

これに対して、聴覚のほうは、1秒間に約200コマ（5ミリ秒に1コマ）ですから、聴覚は視覚の8倍もの情報処理能力がある、ということができます。

聴覚は、全方位を24時間監視している

反応速度以外にも、視覚に対する聴覚の優位性を見出すことができます。

それは、**24時間休みなく情報を集めている**という点です。視覚と違って、まばたきをすることもなければ、目を閉じて情報を遮断してしまうこともありません。

さらには、頭部の左右に一つずつ存在する耳は、**上下左右前後と全方位の「音」を監視**しています。こうして、わたしたちは、寝ている間も「音」を感知し、危険を察知した場合には目覚めを促すことができているのです。

このように「音の強み」を考えてみると、音を活用する機会がいたるところにあることがわかります。そして、実際、さまざまなところで活用されています。ふだん気づかないだけで、わたしたちはさまざまな場面で、サウンドに影響されているのです。

次の章ではまず、その「サウンドパワー」活用の最前線の模様をレポートいたしましょう。

第2章

サウンドパワー活用の最前線

ビジネスをアップデートする力をもつ「サウンド」の重要性に、近年アメリカやカナダ、ヨーロッパの企業が注目するようになってきています。さらには、ビジネスのみならず、教育、医療、政治などさまざまな分野で活用が始まっています。

まずは具体例をいくつか見ていきましょう。

全米ナンバーワンの売り上げにした「控えめ」なCMのヒミツ

サウンドパワーをフル活用して成功した事例に、とあるガムのCMがあります。

列車の窓際に父親と幼い娘が向き合い、ガムを食べながら座っています。そして、父親が、ガムの包みから鶴を折り、娘はその鶴を手に取ります。穏やかでシンプルな音楽が流れるなか、折り鶴を中心に彼女の成長シーンが映し出されます。

娘が誕生日を迎え、雨の日も雪の日も晴れの日も父親は鶴を折り、娘にそっと贈ります。さらに時は流れ、娘が親元を離れる日がやってきます。

娘の荷物を車に運ぶ手伝いをする父親が、バランスを崩し、小箱を落としてしまいます。そこであふれ出てきたのが、折り鶴でした。折り鶴を手に取る父親は、これまでの娘の成長と父娘との思い出を浮かべます。

このタイミングでようやくナレーションが入り、「Sometimes little things, last the longest……（ときに、ささいなことがもっとも長く続く……）」と流れます。

最後に、緑色の背景に白の文字で、「give Extra GET extra」と商品のナレーションが入り、CMが終わります。

※本CMはYouTubeで「extra gum father daughter commercial」と検索すると観ることができます（2019年6月現在）。

約1分のコマーシャル映像のなかで、**商品パッケージが映るのは、最後のナレーション含め3回だけ。**ナレーションは、残り数秒になるまで入りません。この「控えめ」なCMは、大成功でした。

ＣＭ放映後、全米シュガーレスガム総売上高25億5千万ドルというマーケットにおいて、この企業の売上高は4・5億ドルとなりました。ガムという、差別化が難しく競合ひしめく市場で、ナンバーワンの売り上げとなったのです。

実はこれ、**すべて計算づく**のことであり、再現性のある戦略でした。それも、映像よりも、サウンドという点で。

サウンドという点でこのＣＭが特殊だったのは、次のような点です。

▼最初から感情を高ぶらせる音楽を使わない
▼シンプルな音やリズムを用いる
▼企業名をすぐには出さない
▼ナレーションやセリフを入れない
▼父娘の成長に合わせて少しずつテンポを上げていく
▼セリフは最後の商品ナレーションのみ
▼父娘の温かいつながりの感情と商品名をリンクさせる（「Extra」ガムで、「Extra（特別）」な思い出を）

アメリカでのガムの売り上げ

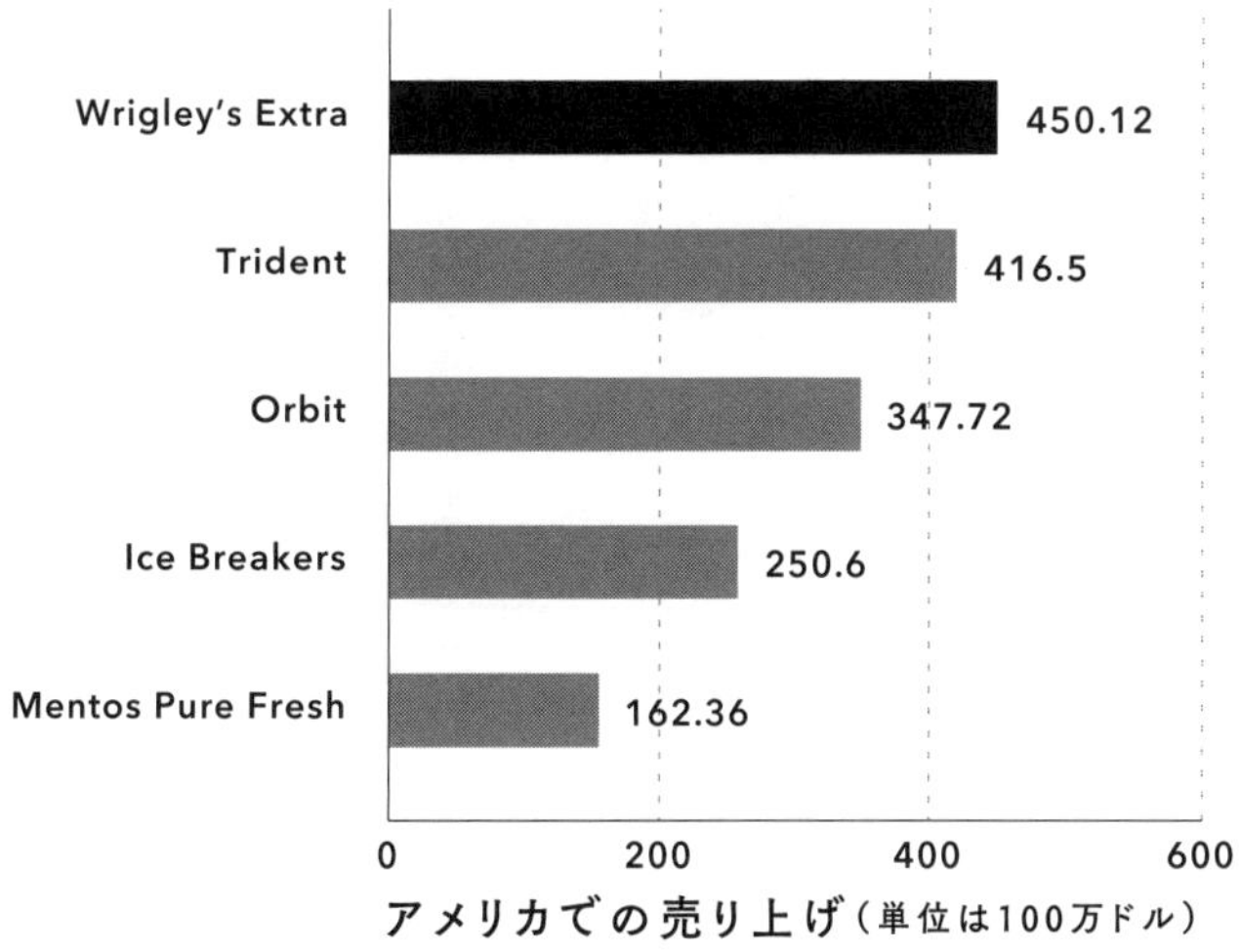

では、ＣＭのシーンごとにサウンドの効果を見ていきましょう。

車窓で親子が向き合うシーンでは、鼓動よりもゆったりとしたスローテンポで、ラ（Ａ４：ＮＨＫの時報の音）からソ（Ｇ４）、ファ（Ｆ４）と下降していきます。これが、父娘の思い出へと視聴者を誘導します。**下降するメロディは、時が遡るイメージを引き起こします。**

次の、娘が誕生日を迎えるシーンでは、穏やかでシンプルなＢＧＭが流れます。少しずつビートが加わり、音量が上がっていくことで、**娘の成長が表現**されています。

時は流れて、娘が親元を離れるある日。物語のクライマックスを映像で見せ、その後少し遅れて曲調が最高に盛り上がり、ようやくこのタイミングで「Sometimes little things, last the longest……」というナレーションが流れます。

ここで視聴者は、**娘の成長と思い出を振り返ることになります。**箱からこぼれた折り鶴（ガムの包み紙という特別なものではないもの）に込められた父の想い、そしてそれを大切に取っておいた娘の想いを汲み取り、共感するのです。

共感している間に流れる「Last Longest（もっとも長く続く）」というナレーションが**視聴者の記憶に刻み込まれます。**

そして、コンビニなどで「Extra」のパッケージを目にしたとき、これがトリガーとなりCMを通して共感した感情が引き出されます。

同時に「Last Longest（もっとも長く続く）」から「ガムの味が長く続く」という感覚が呼び起こされ、購入を決定する確率が高まるのです。

つまり、視聴者は、このCMから流れるサウンドを通して温かな感情が呼び起こされ、特別なブランド体験をすることになるのです。

「顧客の意思決定、ロイヤリティーは主に感情的なものである。**採用を決定する基準の70％は感情的なもの、**残りの30％が合理的なものである」といわれています。

このことから考えると、商品の特徴やメリット・商品名・ブランド名を打ち出していく従来のコマーシャル手法は、意思決定を左右する要素の70％を押さえられていない、ともいえます。

BGMを変えるだけでスーパーマーケットの売り上げが32％アップ！

あなたがよく行くスーパーマーケットやデパート、ショッピングモール等で、どんなBGMが流れていたか、思い出せますか？　そもそもBGMが流れていたことすら気づかないでいた人もいるのではないでしょうか？

わたしたちは、商業空間でなにげなくBGMを聞くことに慣れています。そのため、BGMに意識的に注意を払うことはほとんどありません。このとき流れている音楽は、まさに、その名の通り「バック・グラウンド・ミュージック（＝背景音楽）」なのです。

ところが、わたしたちがサウンドに対して意識的に注意を払っていないだけであって、**お店のほうが、わたしたちの購買意欲を高めるための手段としてサウンドを活用していないわけではありません。**

スーパーマーケットに流すBGM、アップテンポのものとスローテンポのもの、どちらが売り上げに貢献すると思いますか？

アップテンポのほうが、気分が高揚して購買意欲が高まるような気がするかもしれませんが、ニューヨークのスーパーマーケットで行われた「音楽のテンポが買い物客の購買行動に与える影響」についての調査〈2〉では、反対の結果が出ました。

それによると、アップテンポのBGMが店内で再生されていたとき、買い物客が店内をより速く歩くようになったといいます。目的の商品へと足早に向かうことで、他の商品を見て回る機会が大幅に損なわれていました。

一方、スローテンポの音楽は反対の効果をもたらしました。買い物客は目的の商品がある棚まで一直線に向かうのではなく、店内の雰囲気を楽しみながら他の商品が陳列されている棚も見て回り、より多くの商品を購入していました。

そのスーパーマーケットでは、スローテンポのＢＧＭを再生した日は、アップテンポのＢＧＭを再生した日と比較して、**「売り上げ32％増」を記録**しました。

一時期、ファレル・ウィリアムスの「Happy」や、テイラー・スウィフトの「Shake It Off」など、幅広い年齢層に親しまれるポピュラーサウンドが、どこでもヘビーローテーションでかけられていました。

彼らの曲は親しみやすいサウンドなのですが、アップテンポのビートであり、歩くスピードを速めてしまいます。アップテンポのサウンドには**ウキウキと気持ちを高揚させる一方で、歩くスピードを速め、視野を狭める**作用があります。

アップテンポのサウンドを使うときには、十分に注意が必要です。

「星に願いを」で夢の国へ連れて行くディズニー

ディズニーを象徴するサウンド・ビジネスアンセム（企業の理念や理想を表す音楽。第5章で詳しくご紹介します）に、「星に願いを（When You Wish Upon A Star）」があります。わたしたちは、**この曲を聞くことで、現実の世界から夢の世界へと進んでいくような体験をする**ことになります。

メロディを分析しながら、その巧妙な戦略を読み解いていきましょう。

まず、メロディの出だしで、「音」が1オクターブほど跳躍します。この、1オクターブの音の開きがわたしたちに与える心理的イメージは、**「雄大、壮大、健全、強力、安定、エネルギッシュ、ヒーロー、勇気」**などです〈3〉。

また、音楽には明るい感じのメジャー・キーと暗い感じのマイナー・キーがありますが、この「星に願いを」はメジャー・キーであり、**「明るい、楽しい、平和、夢、幸福」**などのメッセージが表現されています。

ビート（拍子）には、偶数系と奇数系があります。「星に願いを」は4拍子です。わたしたち人間は2足歩行、つまり「1・2、1・2」という偶数のビートで前進しています。4拍子は前進を意味し、ここに1オクターブの跳躍やメジャー・キーが重なり、**「活動、躍動」**のイメージをもたらします。

さらに、サウンドのテンポは、58ＢＰＭ（ＢＰＭ：Beats Per Minuteの略。1分間で拍動する回数）で、わたしたちの平均的な心拍数とおよそ同じテンポです。心拍数と同じくらいのテンポは、**「落ち着き、穏やかさ、安心感、平和」**を意味します。

もう少し付け加えると、「星に願いを」のオリジナル（原曲）はＣメジャー（ドレミファソラシド）ですが、サウンド・ビジネスアンセムはオリジナルよりも半音高いキーで演奏されます。半音高いことで、**「キラキラ感」**がプラスされます。

これらのイメージと、わたしたちがディズニーに対してすでにもっているベースイメージとが融合することで、**「現実の世界から、夢の世界（ディズニーの世界）へ」**というメッセージが伝わってくるのです。

約30秒のサウンド・ビジネスアンセムによって、ウォルト・ディズニーの理念や理想との感情的つながりが創られている、といえるでしょう。

これももちろん、意図的に設計されたものです。

「星に願いを」は、1940年のディズニー映画『ピノキオ』の主題歌ですが、ウォルトディズニーは、『ピノキオ』以外にも、『白雪姫』や『バンビ』など数々の映画をヒットさせており、耳馴染みのある主題歌や挿入歌を数多くもっています。

他にも、世界各地のディズニーパークにあるアトラクションのテーマソング「イッツ・ア・スモールワールド」など、世界中の人に親しまれている「音」を複数もっています。

さらにいえば、サウンド・ビジネスアンセムのための新しいサウンドを制作することは、ウォルト・ディズニーにとってそう難しいことではありません。

それにもかかわらず、あえて「星に願いを」を採用しているのです。

その理由は、先程ご説明したように、「星に願いを」の中に、ウォルト・ディズニーが発信したい豊富なサウンド・エクスプレッションが含まれているからです。

「星に願いを」のメロディに隠されたメッセージ

種類	内容	メッセージ
メロディの出だし	音が1オクターブ上がる	雄大、壮大、健全、強力、安定、エネルギッシュ、ヒーロー、勇気
曲調	メジャー・キー	明るい、楽しい、平和、夢、幸福
ビート（拍子）	4/4拍子	前進、活動、躍動
テンポ	58BPM（心拍数とおよそ同じ）	落ち着き、穏やかさ、安心感、平和

ノイズが高齢者の認知機能を向上させる⁉

近年、サウンドの活用によって、高齢者の認知機能の向上、記憶の強化、睡眠の質の向上が図れることがわかってきました。現在、応用に向けた取り組みが進んでいます。

ここで注目されているのは、ピンクノイズという、低音が強調されたノイズで、穏やかで落ち着くようなサウンドです。

睡眠時にピンクノイズを再生することで、深い眠りの質が向上するとともに、記憶が改善されることが発見されたのです〈4〉。

この発見に関わったノースウエスタン大学のフィリス・ジー博士は、**「ピンクノイズによる刺激は、脳の健康を改善するのに役立つ可能性がある革新的で、シンプルで、安全な、非投薬アプローチである。これは、高齢者の記憶力を強化して、記憶衰退を**

弱めるための潜在的なツールである」と述べています。

ただし、ピンクノイズによる刺激をどのようにして取り入れていくかについては、さらなる調査が求められます。

このように、音は、さまざまな研究者たちによる科学的根拠のもと、強力なビジネス戦略として応用したり、社会課題の解決につなげていくことができます。サウンドパワーは、今後幅広く普及していくことでしょう。

COLUMN

多彩なノイズ

「ノイズ」というと不快なサウンドをイメージするかもしれませんが、**「ノイズ」と「騒音」は異なります。**

「騒音」は、「エアコンのファン＋人の話し声＋椅子を引くサウンド＋バック・グラウンド・ミュージック」など複数のサウンドが複合して、不快に感じられるサウンドのことですが、「ノイズ」は、それ単体で不快なサウンドというわけではありません。

「ノイズ」と一口にいっても、その特徴はさまざまです。ノイズに含まれる音の周波数（≒音の高さ）によって、さまざまに名前がついています。

ちなみに、これらノイズの名前は、光の色味との類似性に由来しています。

●ホワイトノイズ

ホワイトノイズは、**すべての周波数のサウンドを組み合わせて生成されるノイズ**です。アナログテレビの砂嵐の映像や、空調の「shhh…」というサウンドに似ています。「ホワイト（白い）」という形容詞は、光のすべての異なる色（周波数）が組み合わされると白色光（ホワイト）になることに由来しています。

ホワイトノイズにはすべての周波数が含まれているため、他のサウンドをかき消す（マスクする）ためによく使用されます。また、一時的な使用であれば、ホワイトノイズには集中力を高める効果があります。

ところで、なぜ、ホワイトノイズは他のサウンドをかき消すことができるのでしょうか？

たとえば、数名が話し合っているときに、特定の1人の声をより分けて理解することはそう難しくないでしょう。しかし、それが1000人だとどうでしょうか。そのなかの1人の声をより分けるのは並大抵のことではありません。

全周波数が均一に含まれるホワイトノイズを聞くことは、１０００人が同時に話しているなかで他のサウンドを処理するようなものです。そのため、サウンドがかき消され、聞こえにくくなるのです。

●ピンクノイズ

ホワイトノイズと似ていますが、低音領域が強調されており、**ホワイトノイズよりも柔らかく穏やかな雰囲気に感じられるサウンド**です。雨音の「zahhh…」というサウンドに似ています。

ピンクノイズは低音領域の周波数（光でいうと「赤色」）をもつため、光の色のアナロジーから「ピンク」ノイズと呼ばれます。

ピンクノイズは、穏やかなリラクゼーション効果をもつ、睡眠の導入に効果的なノイズサウンドで、さまざまなサウンドと組み合わせることができることから、サウンドをデザインしていく際によく使用されます。

●ブラウンノイズ

ピンクノイズよりもさらに多く低音領域の周波数を含むサウンドで、**強く深みがある海の波音に似ています。**

ピンクノイズよりも波音に近いサウンドなため、リラクゼーションや睡眠導入に効果的に思われますが、低周波成分が多いため、長く聞くのは推奨されません。サウンドデザインで使用する際は、エッセンスとして少しプラスして使用します。

ノイズには、他にもブルー、グレー、パープルなどさまざまなカラーがありますが、サウンドデザインで使用するノイズは、主にこの3種類です。

ちなみに、ブラックノイズというのは、「ブラック＝黒＝騒音」というイメージをもたれがちですが、その逆、すべての音が含まれない「無音」を意味します。

第3章

わたしたちをとり囲む
音の空間
「サウンドスケープ」

少しのあいだ目を閉じて、あなたの周りの音に耳を傾けてみてください。

電車のなかであれば、車内アナウンスが聞こえてくるかもしれません。バックグラウンドには、レールの継ぎ目から鳴る「ガタン、ガタン」という音。

カフェのなかであれば、周りのテーブルから漏れ聞こえてくるざわざわとした話し声。バックグラウンドには、コーヒーを淹れる店員たちの動作音でしょうか。

このように、**ある空間に存在する複数のサウンドの組み合わせを、「サウンドスケープ」**と呼びます。

無音の空間は、不快な空間

サウンドは、わたしたちの周りにいつも何かしらの形で存在しています。

わたしたちの動きから、車や機械から、植物や動物、海や川、山や大地、世界中のありとあらゆるところからサウンドが発生しています。それはあたかも、巨大なオーケストラであるかのようです。

このオーケストラが奏でるのは、時間と空間によって変化する複雑でダイナミックなシンフォニー。そこにはさまざまな音色が含まれ、それぞれが特定の機能や意味をもっています。

そのため、**サウンドパワーを考えるときには、個々のサウンドではなく、サウンドスケープ全体の効果を見ていく**必要があります。

なお、人工的に「無音」のサウンドスケープを作ることは可能ですが、そのようなサウンドスケープのなかにいると、上下左右、奥行きなどの空間感覚が鈍化し、5分もたたないうちに気分が悪くなります。**「無音」の空間は、快適な空間ではなく、むしろ不快な空間**となるのです。

静かな空間というのは、物理的にサウンドが存在しない空間ではなく、その空間に存在するサウンドスケープに意識が向かわない状態なのです。

サウンドスケープが感情を動かす

わたしたちは、オフィスや自宅、商業施設や飲食店、公共施設、交通機関など、さまざまなシーンや空間でサウンドに触れることで「感情ムーブメント」（喜怒哀楽などの心の動き）を経験します。

ビジネスにおいては、不適切なサウンドの選択、低い再生クオリティ、テンポやボリュームの問題など、サウンドスケープの問題で引き起こされるマイナスの感情ムーブメントによって、企業に対するイメージが悪くなり、ブランドから離れてしまうという調査結果があります。

こうした調査結果があるにもかかわらず、**ほとんどの企業は、サウンドスケープが顧客の感情、そして意思決定にどのような影響を与えているか、十分に理解していません。**

たとえば、「適切なサウンドスケープの場所では、１００人中35人は滞在時間が長くなり、14人はより多くのものを購入する」といったデータがあります。

一方で、１００人中44人が、不適切なサウンドスケープの場所から早々に立ち去ると回答しています。さらに、38人はその場を再訪しないだろうと回答し、25人が、友人・知人にその場所を推薦しないと回答しています。

サウンドスケープを整えていくことは、職場など、対顧客以外の場面でも大きな効果を発揮します。

たとえば、選曲、音量、クオリティなどが適切なサウンドスケープの職場では、66%の従業員がポジティブな影響を受けた、という調査があります。

このことは、従業員の生産性向上につながります。この傾向は、特に若い従業員で顕著で、16〜64歳の労働者の26%に生産性向上に良い影響があったのに対して、16〜24歳のパートタイムの若い従業員ではその割合が49%にもなります。

サウンドパワーはサウンドスケープのデザインから

サウンドスケープが奏でるシンフォニーは、さまざまなポジティブな効果をもっています。サウンドスケープはその空間の雰囲気をつくり、感情を引き出し、その場所の記憶を与え、行動を喚起させる影響力を備えています。**ここが、サウンドパワーの出発点です。**

欲しいサウンドを増幅させたり追加したりする一方で、不要なサウンドを減らすことで、その場のサウンドスケープをポジティブなものに整備していくことができます。

では、どのようにしてサウンドスケープを整え、創造していくのでしょうか？　簡単に見ていきましょう。

不要なサウンドを吸収する

サウンドの実体は、空気の振動です。サウンドがなんらかの物体に当たると、一部の振動が吸収され、残りが反射されて別の場所へと伝達されます。このとき、サウンドがぶつかった物体の特性（材質、構造、形状、厚さ）によって、サウンドがさまざまに変化します。

硬い物体は、都市を形作る素材として実用度が高く、見た目にも、都会的・近代的な装いとなります。一方で、サウンドをあまり吸収することなく反射させます。その結果、意図しないサウンドを発生させることがあります。

不要な、意図しないサウンドの伝播を制限する方法は、それらのサウンドが反射されないように、吸音・防音対策を取ることです。

たとえば、さまざまなサウンドが交錯する都市では、それらが雑音となってしまわないような都市計画が求められます。

優れた吸音特性をもつ素材を戦略的に随所に配置し、不要なサウンドを減らすこともその一つです。たとえば、土壌は優れた吸音特性をもつ素材です。

低木がコンパクトに植えられている都市では、それ自体が防音壁として機能することはあまりありませんが、土壌が優れた吸音効果をもつため、視覚的な遮蔽機能に加え、聴覚的な遮蔽機能も果たすことになります。

反射音をコントロールする

現代のサウンド環境は、反射面であふれています。たとえば地下鉄やトンネル、商業施設や地下通路など、どこも反射面にあふれています。サウンドの反射は、戦略的なプランと設計によってポジティブなものとして創造することができます。

たとえば、壁面位置を人々が歩く導線に沿ってデザインすると、歩くステップのサウンドが強調され、スムーズな流れをつくることができます。

また、水面の背後に壁面を配置すると、快適なウォーターサウンドをより広い範囲に向けることができます。

わたしたちが歩くときに発生する歩行ステップのサウンドなど、自分自身が発するサウンドを効果的に用いる演出も欠かせません。

たとえば、砂利で覆われた地面を歩くと「ザクッザクッ」としたクランチサウンドが発生します。このサウンドが壁や天井で反射すると、共鳴によってクランチサウンドが強調され、特徴的なサウンド空間が演出されます。

自分自身の動きから発生するサウンドは、その空間における自分の位置や他の物質との距離などの情報を与え、意識しているかどうかにかかわらず、自分がその空間に存在していることを認識させてくれます。わたしたちは、空間の構造を知り、自分自身の存在を認知します。これには、自分の動きを確認し、周囲との相互作用を円滑にする効果があります。そのうえで感情や記憶、行動の喚起がなされます。

砂利のクランチサウンドが発生すると、そのスペースのサウンドスケープ全体の音量レベルが上がります。そのため、このスペースを通過した後、急な静けさを感じることになり、別の世界への移動を演出することができます。

したがって、このような空間演出は、種類の異なる空間をつなぐスペースに採用するのが効果的です。

街や建物が近代的になるにつれ、サウンドの反射に関して考慮すべき点が増えます。これはつまり、そこに多くの可能性があるということです。これまでのサウンドスケープの概念を超える、進化したサウンドスケープを創造することもできるはずです。

自然と人工の調和したサウンドスケープをデザイン

わたしたちが心地よいと感じる自然のサウンドスケープは、繊細なサウンドが幾重にも折り重なったシンフォニーです。サウンドスケープをデザインするときには、**自然のサウンドスケープを守り、人工的なサウンドスケープと共存させる**ことが重要です。

そのため、水（川のせせらぎや海の波）、植物（草花の揺らぎ）、風（そよ風）、鳥（さえずり）などのサウンドは、サウンドスケープをデザインしていくとき、その場に追加していくサウンドとして大変効果的です。

一般的に、環境に優しい空間はサウンドスケープとしても良い空間となります。その逆もまた成立し、音環境を考えた身体に優しい空間づくりは、環境にも優しい空間づくりとなります。

たとえば、美しい庭園のなかには、効果的なサウンドスケープをデザインすることで、その空間をさらに価値のある場所にしているものがあります。

ウォーターサウンドは、おそらくすべてのサウンドのなかでもっとも独創的です。

川や滝の流れ、雨滴が葉に落ちるサウンド、浜辺に打ち寄せる波、窓に打ち付ける雨音、シンクに落ちる水滴など、それぞれに個性があります。

ウォーターサウンドの影響力は非常に強く、交通騒音や他の望ましくないサウンドをかき消す（マスクする）のに最適です。

水がわたしたちの生存になくてはならないものであるがゆえに、これほどまでに強くウォーターサウンドに影響されるのかもしれません。

日本の伝統的な水琴窟もまた、ウォーターサウンドをうまくデザインしたサウンドスケープです。

視覚的外観からは、そこにサウンド発生装置があるとは想像できません。水琴窟では、地下に隠された、水を蓄えた空洞に水滴が落下し、水滴と水面が交差したところでサウンドが発生します。水琴窟の上部は空洞になっていて、そこが共鳴室として機能し、発生したサウンドが増強されて金属のような活気のあるきらめくサウンドを生成します。

たとえば、山梨県甲府市の甲斐武田神社にある水琴窟では、竹の筒に耳をあてることで、瓶のなかで反響した美しく澄んだ琴の音のようなサウンドを体験できます。水琴窟は、音楽を彷彿とさせるサウンドを生み出す、自然のなかに埋め込まれた繊細で美しいサウンドスケープです。

ウォーターサウンドのなかでも、オーシャンサウンドはまた少し異なる趣をもっています。**引いては寄せる波の、「引く」「寄せる」の間の時間間隔は、安静時の呼吸速度に近く、わたしたちにリラクゼーション効果をもたらします。**

エントレインメント（引き込み）によってわたしたちに同じリズムで呼吸することを促し、それによって安心や落ち着きを誘導するのです。

オーシャンサウンドにもまた、水琴窟のウォーターサウンドのように、まるで何かの楽器で音楽を奏でるかのようなダイナミクス（強弱や速さ、音の高さなどの変化）が存在します。

今日では、技術の進歩によって、その空間に適した、戦略的なサウンドスケープを創造することが手軽なものとなり、ウォーターサウンドやオーシャンサウンド、鳥のさえずりや風に揺らぐ草花のサウンドのような自然のサウンドと、楽器の音やノイズなど人工のサウンドをコンピュータを使ってデザインできるようになってきています。

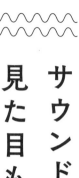

サウンドスケープは見た目も大事

サウンドやサウンドデザインされたサウンドスケープをデジタルでシミュレーションする技術が、飛躍的に発展してきています。それとともに、サウンドを提示するための音響機器も進化してきました。**うまくデザインされたサウンドスケープは、新しくエキサイティングな体験を提供する可能性を秘めています。**

サウンドをデザインし、サウンドスケープを創造することとは、その場所や周辺環境、建築物や空間のことをしっかりと考えたうえで、サウンドを発信する側とそれを聞く側が、互いに快適になる有益な場を提供することだといえます。そのとき、サウンドスケープは、その場所や空間の一部になることが望まれます。

商業施設などでは、音響機器（スピーカー）を用いてサウンドスケープが演出されることになりますが、その際、音響機器をどのように設置するかについても十分検討する必要があります。

音響機器を適切に設置することで、サウンドの聞き手はその空間の機能を感じ取り、その空間に対する理解を深めることができるようになります。また、ライティングや色、他のさまざまな視覚的表現と組み合わせることで視覚との相互作用を作り出せば、発信者の意図をよりよく伝えることが可能となります。

一方で、聞き手が音響機器を視覚ではっきりと捉えられる場合には、サウンドによって引き出された感情や記憶と、視覚的な体験とのあいだに乖離が生じ、サウンドスケープがネガティブに作用してしまう場合もあります。

たとえば、水のサウンド（ウォーターサウンドやオーシャンサウンドなど）は、リアルな自然の川の水の流れや浜辺に打ち寄せる波などへのポジティブな感情を引き出しますが、そのサウンドの発信源が目に見えている音響機器（スピーカー）であると認識できてしまった場合、ポジティブな感情が引き出されないかもしれません。**音響機器を設置するときは、視覚的な接触も考慮する**必要があるのです。

歯科治療の「キーン」を和らげる

サウンドスケープをコントロールすることにより、**ネガティブな感情が引き起こされる環境を改善**することも期待されます。

たとえば、歯科治療のドリル。子供から大人まで、いくつになっても、何度経験しても、あの「ウィーン」「キーン」という高い周波数（高音）のタービン・サウンドや、「ゴリゴリ」と骨に響くようなマイクロモーター・サウンドに慣れることはありません。

多くの人がこれらサウンドに不安を覚えます。不安と恐怖のために歯科治療を避けていることが報告されており〈5〉、サウンドスケープのデザインによる課題解決が求められる領域です。

多くの歯科医院では、クラシックやリラクゼーション音楽などを、患者の寝台の頭上にある音響機器から再生しています。不安や不快な感情を和らげるためだと思いますが、ドリルから発せられるサウンドの制御という観点からは、あまり効果的とはいえません。

治療の際、ドリルと患者の耳の距離が約20センチと非常に近いこと、ここで流されている「音楽」が、ドリルが発するサウンドの不快感を軽減するものではないことがその理由です。

これら不快なサウンドを制御するには、**パッシブノイズキャンセリング（中音〜高音のサウンドの音量レベルを下げる）とアクティブノイズキャンセリング（低音〜中音のサ**

ウンドの音量レベルを下げる）を組み合わせたものを、患者の耳に近いところから流すのが有効だと考えられます。

実際、患者にヘッドホンを着用させてノイズキャンセリング効果のあるサウンドを聞かせることが、かなり有効に働くことがわかっています。しかし、歯科医と患者のコミュニケーション（口を開いたままにするなどの指示）が阻害される可能性や、ヘッドホンが歯科治療の妨げになる可能性があるなど、サウンドの制御とは別の課題があります。

解決していかなければならない課題はまだ複数ありますが、コンパクトな音響機器、あるいはスマートフォンなどを患者の耳に近い場所に配置し、ホワイトノイズをベースにウォーターサウンドをプラスしたサウンドを再生することには、一考の価値がありそうです。

私自身、スマートフォンによる再生を試してみたところ、高周波数域（「ウィーン」「キーン」）のサウンドは、かなり軽減されました。

健全で豊かな暮らしのためのサウンドスケープ

サウンドは、わたしたちの健康と幸福に大いに影響を与えています。

サウンドスケープは、その空間の景色（雰囲気）を明るく、楽しく、気軽な、高級な、心地よいなど、さまざまなカラーに演出することができ、それらによって、その空間にいる人々をそこに準じた感情に誘導することもできます。

また、人々の動きをリードすることも可能です（歩くスピード、食べるスピード、前進や左右に曲がるなど）。


サウンドスケープの計画及び設計（サウンドデザイン、音響機器の配置など）は、「健全で豊かな暮らし」を目指していくうえで、今後ますます重要になると予想されます。

COLUMN

茶の湯に見るおもてなしサウンドスケープ

サウンドスケープという考え方に、わたしたち日本人はほとんど馴染みがないように思われるかもしれません。しかし、これは決して新しい考え方ではありません。今から約450年前、千利休によって大成した日本の茶の湯には、おもてなしの心あふれたサウンドスケープがデザインされています。

茶の湯の「茶事（招いた客に炭手前、懐石、濃茶、薄茶をもてなす正式な茶会）」の流れを追いながら、そこに込められたさまざまなサウンドデザインを読み解いてみましょう。

客が、茶事の場に赴き、少しだけ開けられた戸を目印に進みます。亭主の迎え付けはまだありません。

寄付《よりつき》と呼ばれる待合部屋に客が揃うと、その日招かれた人の数だけ**板木を「コン」と打ち鳴らし、**茶室で待つ亭主に全員揃ったことを伝え、露地を通り腰掛待合へ移動します。

「木づちの鳴り」は、寺社仏閣の習慣からくるもので、これが合図のサウンドになります。

客は、蹲踞《つくばい》（茶室に入る前に手を清めるために置かれた背の低い手水鉢）に注がれる**水のサウンドを耳にし、心が清められます。**サウンドによる感情誘導効果です。

静寂な茶室のなかから、亭主の礼《おじぎ》に迎えられ、客は蹲踞で心身を清めてから戸を静かに「スー」と開け、茶室の躙《にじ》り口《ぐち》（入り口）から入室します。

最後に入室する客は、あえて**「トンッ」というサウンドを立てて戸を閉めます。**これは、すべての客が入室したことを亭主に知らせる合図のサウンドになります。

茶室に入室すると、下火の炭のやわらかな灯りと、時折聞こえる**「パチパチッ」という炭のサウンド、茶室の外で草木の揺らぐサウンド、客が「スッスッ」と畳の上をすり足で歩むサウンド**が茶室のサウンドスケープとなります。すり足で歩むサウンドの終了が、連客（その日のすべての客）が座ったことを亭主に知らせる合図になります。

茶室のなかは、時折聞こえる「パチパチッ」という炭のサウンド、草木の「カサカサッ」「サーッ」というサウンドだけが感じられる静寂の空間となり、日常から非日常へと誘います。ここには、これから始まる楽しみと緊張感が演出されています。これも感情誘導効果です。

客が皆座ったところで、炭手前が始まります。鳥の羽を束ねた羽ぼうきで亭主が炉の縁を**「スッスッ」と掃く小さなサウンド**。この清められたサウンドに、客たちは耳を澄ましています。

その後、炭をくべて香を焚き、釜をかけ、一旦亭主は茶室から退席します。

炭にかけられた釜のなかの水の温度が徐々に上がり、その**「スー」「シューシュー」**

といった釜の湯のサウンドは、これからもてなされることへの期待と興味の感情を湧き立たせる演出効果をもつ前景音となります。

いよいよ懐石のお膳が亭主によって運ばれてきます。ここでも、サウンドによる合図がなされます。

汁のお椀を「スー」と吸いきり、椀の蓋が「カタン」と閉まった小さなサウンドを襖越しに聞き、亭主は客に酒を注ぎ、勧めます。

また、客は最後に**箸をお膳のなかに「カタン」と落とし、**亭主に食事を終えたことを知らせます。

食後、客は一旦茶室を退室し、外の腰掛で草木や風の自然のサウンドを楽しみながら用足しなどを済ませます。

その間、亭主は床の間のしつらいを御軸から花に変え、主目的である濃茶の準備を整えます。

再び迎え付ける際には、正客からの申し出を有難く受けて鳴り物で席入りを知らせます。

銅鑼（青銅、真鍮、鉄などでできた打楽器）を「ボーンボーンボーンボーンボーンボーンボーン（大小大小中中大の音量レベル）」と七点打ち、客に準備が整ったことを知らせます。

自然のサウンドスケープに加えられる銅鑼のダイナミックな響きは、小休止していた客の心に、次にもてなされる期待と興奮を与えます。静けさと、そこに響く銅鑼のコントラストは、見事に客の心に響く、素晴らしいサウンドデザインといえます。

再び茶室に入室した客は、床の間の花や点前座の道具を拝見し、あらためて座につきます。

このとき、**最後の客は出入口の戸を「カタン」と軽くサウンドを立てて閉めます。**もうおわかりかと思いますが、このサウンドは、すべての客が入室したことを亭主に知らせる合図で、これをもっていよいよ茶のもてなしが始まります。

茶室には**釜の「シューシュー」と湯の沸くサウンド**が響き、それは松風と呼ばれ愛されています。

亭主は竹の蓋置きにその柄杓をひいて「コッ」と置き、そのサウンドを合図に主客総礼（深く礼をする）、茶室の窓に掛かっていた簾が巻き上げられて室内が明るくなります。このサウンドの合図によって、空間が「陰」から「陽」に変わります。これは、サウンドによる空間効果と感情誘導効果です。

続いて、**お茶を点てる茶筅の「シャカシャカシャカシャ」と擦れるサウンド、柄杓で湯を注ぐサウンド**が茶室のサウンドスケープに加わっていきます。

湯水を注ぐサウンドは、注ぐ速度と位置の高さによってサウンドの高さや速さ（テンポ）に変化が生じ、茶室内の雰囲気もまた変化します。ここは亭主の力量、サウンドデザインの見せどころともいえます。

客は、喫茶の最後に、**「ずぅっ」と吸いきりのサウンド**を出すように飲みます。

（本書では、サウンド部分をかいつまんで茶事の流れをご紹介しましたが、実際の流れはこれらに複数の所作が含まれています。）

このように、茶の湯では静寂のなかに亭主のもてなしのサウンドが効果的に使われています。

露地の草木、鳥のさえずりなど自然のサウンドスケープは市中にあって山居の閑寂さを演出し、そこから繰り広げられる世界は、亭主のもてなす数々のサウンドデザインによって、さらに効果的な演出を創造しています。

また、サウンドは、亭主と客とのあいだのコミュニケーション合図の役割も果たしています。

過剰な演出や言葉の表現はなく、湯の沸くサウンドなどを前景に取り込み、ときには、茶筅でお茶を点てる「シャカシャカシャカシャ」という速さのあるサウンドで、もてなしの茶への期待感を高める。柄杓の「コッ」というサウンドで雰囲気の変化を演出し、小休止から次のステージへ誘う銅鑼で高揚感（覚醒）を与える。どれも素晴らしい創意工夫によるサウンドデザインといえます。

客の情緒を引き出し、感情を揺さぶり、サウンドによって記憶を呼び起こし、さらにまたサウンドによって行動を喚起させる。

主客の精神的な一座建立を目指す侘び茶を大成させた千利休は、能楽に代表される幽玄の世界を踏まえながら、サウンドオブサイレンスともいうべき美学を効果的に取り入れたといえます。

そこには、人間はこの自然の一部であり、茶室という空間に宇宙があるという茶禅一味の思想を背景とし、華美な装飾や演出をそぎ落としていくマイナスの美学を追求した日本的美意識が表れています。

自然のサウンド、サウンドスケープをよく意識し、互いのコミュニケーションや、もてなしの心を演出するサウンドデザインの効果。このことに、戦国の世を生きた千利休は気づいていたのかもしれません。

第4章

誘導のサウンドパワー

サウンドには、**わたしたちの潜在的な記憶に働きかけ、わたしたちを誘導する力が**ありります。

しかも、その力はわたしたちが思っているよりも強力です。

日用品をまとめ買いしたのも、フランスワインを買ったのも、お店に流れていたサウンドのせいかもしれない……。

サウンドにそこまでの力があるとはすぐには信じられないかもしれませんが、数々の科学的なエビデンスがその力を証明しています。

本章では、気づかないうちにわたしたちの意思決定に働きかけるサウンドの力と、その応用例をご紹介します。

高いピッチは感情を盛り上げる

ショッピングモールに出かけるとき、目当ての買い物や食事だけを目的にしていますか？　そうではありませんね。予想もしていなかった商品やサービスとの出会いも、楽しみの一つです。わたしたちは、楽しい体験を求めてショッピングモールを訪れているのです。

この期待感に施設側がきちんと応えてくれるなら、わたしたちはそこでより多くのお金を落とします。

これを演出するのは、どのようなサウンドスケープなのでしょうか？

ショッピングモールにふさわしいのは、買い物や食事を盛り上げてくれるサウンド。そうであるなら、高いピッチ（高音）のメジャー・サウンド（長調：明るいイメージを感じるサウンド）がぴったりです。これらは、幸福やユーモアを引き出すことが知られています。

一方、低いピッチ（低音）やマイナー・サウンド（短調：暗いイメージを感じるサウンド）は、悲しみを含む深刻な感情を引き出します。

ショッピングモールに限らず、施設のコンセプト、対象顧客、販売内容や目標に合致したBGMを戦略的に選択することは、**その場にあった自然な感情ムーブメント（喜怒哀楽などの心の動き）を引き起こし、その場を心地よいと感じさせる**ことに繋がります。

「誘導」というと操られているような印象を受けるかもしれませんが、サウンドパワーは、わたしたちの自然な感情を引き出し、それを増幅することで、導《リード》いてくれるものなのです。

お酒を勧めるならアップテンポ

もしもこれからレストランを開くとしたら、どのようなBGMをかけますか？　スローテンポの落ち着いた曲でしょうか？　それとも、アップテンポのポップ・サウンドでしょうか？

第2章でご紹介したスーパーマーケットとのときと同じように、スローテンポのBGMにしたほうが、顧客が店内に滞在する時間は長くなります。

一般的に、小売店や他の商業・複合施設では、滞在時間と売り上げのあいだに相関関係があります。しかし、飲食店においては、この相関関係が見られないというのが特筆すべき点です。

スローテンポのBGMが再生されると、入店してから食事を終えて退席するまでの時間、すなわち、店内に滞在する時間が長くなります。ここまでは小売店と同じです。しかし、料理の注文量は滞在時間が長くなるからといって、大幅に多くなるわけではありません。一度に食べられる量が、滞在時間に比例して増加するわけではないためです。

ただし、アルコール飲料の支出にフォーカスしてみると事情が少し変わってきます。**滞在時間に比例してアルコール飲料の注文が多くなる**のです。

ある研究調査によると、アップテンポのBGMが再生された環境下でのアルコール飲料の注文数は、スローテンポのBGMが再生されたときと比べ、1テーブルあたり平均約3杯も（！）多くなるといいます〈6〉。

しかし、お酒をたくさん注文してほしいからと、むやみにアップテンポのBGMを採用するのは考えものです。

レストランやカフェを訪れた顧客の多くが、「音楽がそのレストランやカフェのブランドやスタイルにマッチすることが重要である」と報告しています。ブランドイメージに合わないBGMで顧客が離れてしまうとしたら本末転倒です。

ヒットチャート・サウンドの効果

多くの人によく知られているヒットチャート・サウンドを店内で再生することには、どのような効果があるでしょうか？

ヒットチャート・サウンドとあまりなじみのないサウンドをBGMとして流したときの効果を調べた研究の結果はとても興味深いものとなっていました〈7〉。

なんと、あまりなじみのないサウンドが流された場合のほうが、ヒットチャート・サウンドより、人々が店内に滞在する時間は長くなったのです。

これはおそらく、ヒットチャート・サウンドを聞くことで、「あ、聞いたことあるぞ！」という顧客の記憶が刺激され、興奮度が高まり、それによって歩く速度が速まるためだと考えられます。

つまり、**ヒットチャート・サウンドには、アップテンポの曲を流したときと同じような誘導効果**があるということです。

サウンド・プライミング効果

ここでクイズです。次の◯◯には、どのような言葉が入るでしょうか？

「リ◯◯」

「リンゴ」「リング」「リズム」「リネン」「リンス」などなど。もちろんどれも正解です。

ところで、「リンゴ」という言葉を聞いたあとでこの問題が出されたとするとどうなるでしょうか？　当然、ほとんどの人が「◯◯」のなかに「ンゴ」を埋め込みますね。

おもしろいのは、はっきりと「リンゴ」という言葉を耳にしなかったとしても、同じようなことが起こることです。たとえば、「フルーツ、赤」という情報をあらかじめ伝えられたときです。

ここでもし、あらかじめ「音楽、ドラム」という情報が与えられたなら、「○○」のなかに「ズム」を埋め込み、「リズム」と答える人が大半となります。

これをプライミングといいますが、**サウンドでも、これと同じ効果を発揮することができます。**つまり、あらかじめインプットされたサウンドが、ものごとの選択や決定、行動をするトリガーとなり、わたしたちを誘導することがあるのです。

これを**「サウンド・プライミング効果」**といいます。

サウンドがきっかけとなり、わたしたちがこれまでの経験で蓄積してきた膨大な記憶データのなかから、特定のデータが呼び起こされるために、このことが起こります。

なぜか今夜はフランスワイン

「ワインの選択に対するＢＧＭの影響」を調査した、とても興味深い研究〈8〉があります。

それは、ワインショップで、フランス風、ドイツ風とすぐにわかるようなBGMを日替わりで流し、どのようなワインが実際に買われたかを調べる、というものでした。

そこでは、見事なまでにサウンド・プライミング効果が見て取れました。**フランス風のサウンドが再生された日はフランスワインが購入される確率が高くなり、ドイツ風のサウンドが再生された日はドイツワインが購入される確率が高くなったのです。**

おもしろいことに、買い物客たちは店内のBGMと彼らの商品選択、購入決定との関係に気づいていませんでした。

サウンドが、物事の選択や決定、そして行動を決める重要な要素であり、トリガーとして働くことがはっきりと示されたといえます。

このように、サウンドのジャンルは、顧客のイメージを引き出すことで購入してほしい商品へと誘導するシグナルとなります。つまり、サウンドの選択はマーケティング戦略であるということです。

クラシック音楽は「リッチ」さをプライミングする

同じくワインショップで、BGMのジャンルによって、買い物客の購入金額がどう変化するかを調査した研究があります〈9〉。

バッハのようなバロック音楽（クラシック）が再生されていた日は、そうでない日に比べて顧客の滞在時間が長くなり、より高価なワインが購入される結果となりました。

興味深い点は、より多くのワインが購入されるようになったのではなく、いつもより**高い価格帯のワインが選ばれる**ようになったというところです。

クラシック音楽は、店内の雰囲気をリッチな空間にし、買い物客の感情をリッチな感覚に誘導したのです。

フラワーショップにはロマンティック・サウンド

では、花の選択についてはどうでしょう？　フラワーショップを対象とした、さまざまな音楽ジャンルが買い物客に与える影響を調査した研究があります。これは、フラワーショップのBGMを、ポップ・サウンド、ロマンティック・サウンド、いずれのサウンドも再生されていないときという3パターン用意し、買い物客の購買行動を調査したものです。

結果は、**ロマンティック・サウンドを再生した場合に、購入する花の種類や本数が増加する、**というものでした〈10〉。

花のイメージには、アップテンポのポップ・サウンドより、ロマンティック・サウンドのほうがマッチするということに加え、顧客が潜在的にもっていた花のイメージが、ロマンティック・サウンドによって刺激され、購買の増加という結果になったと考えられます。

仮に、フラワーショップにおいて、アップテンポやズンズンと地鳴りがするような低音のサウンドが再生されたとしたら、買い物客は花に対する自分の潜在的イメージとの相違を感じ取り、そこから早く逃れようと買い物を急ぐことになるでしょう。

この研究の応用として、クリスマスホリデーにクリスマス音楽を店内で再生し、買い物客がより多くのクリスマスホリデー関連の商品を購入するように誘導することなどが行われています。

わたしたちを誘導するスーパーマーケット

サウンドによる感情の引き出しとサウンド・プライミング効果、ビジネスの現場では、実際どのように使われているのでしょうか？

ふだんよく行くスーパーマーケットのサウンドスケープを思い浮かべてみてくださ

い。そこには、わたしたちを誘導する巧妙な仕掛けが含まれているかもしれません。

ここでは、アメリカの大手スーパーマーケットのサウンドスケープを事例に、顧客を誘導する戦略を見ていきます（スーパーマーケットの見取り図参照）。

店舗入り口スペースのサウンドスケープは、**情熱的でリズミカルなラテンサウンド。**再生するラテンミュージックは、たとえばジプシー・キングスの「Ｖｏｌａｒｅ」などで、これに少量のホワイトノイズを加え、適切な音量レベルにデザインされています。

店舗入り口スペースは、入店するためのなにげない空間ですが、その空間のサウンドスケープは顧客の購買行動に影響を与えます。つまり、顧客が店内に入店するまでというわずかな時間に経験するサウンドが、サウンド・プライミングとなるのです。

入店した顧客は、ラテンサウンドから一転、**みずみずしい川のせせらぎ、時折跳ねる水しぶき、遠近を感じる2〜3種類の鳥のさえずり、ほんの少量のピンクノイズと**

スーパーマーケットの見取り図

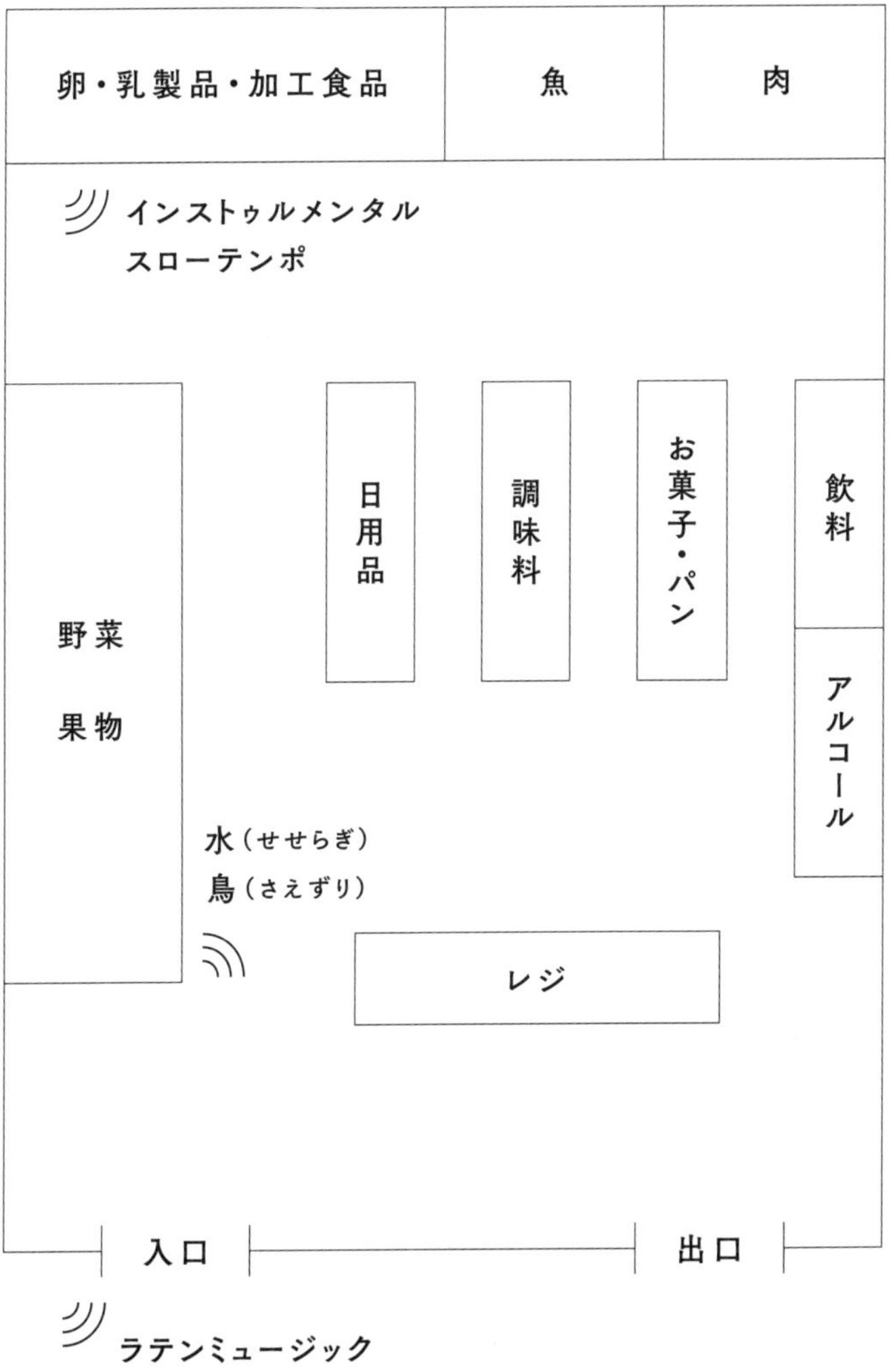

オーシャンサウンド（波）でデザインされたサウンドスケープを経験します。

自然のサウンドは、気持ちを落ち着かせる鎮静効果があり、水系のサウンドは「新鮮」を想起させる感情誘導効果があります。ここで顧客は、穏やか、自然、癒し、新鮮さに包まれます。

このようなサウンドスケープは、目の前に広がる野菜や果物に対し、みずみずしさ、新鮮さを感じさせます。

また、遠近を感じる川のせせらぎや、時折跳ねる水しぶき、鳥のさえずりは、顧客の視野を前後・上下・左右へと広げます。

一方、店舗入り口スペースでなにげなく耳にした「ラテンミュージック」は、赤いトマトやオレンジなどへ顧客の関心を誘導し、本来予定していなかった商品の購入を促します。

野菜や果物のセクションを抜けると、魚や肉のセクションに向かう選択肢があります。

お店側は、顧客が目的のセクションへと最短距離で移動するのではなく、なるべく多くのセクションを通過して、より多くの商品を購入してほしいと望んでいます。

実は、野菜や果物のセクションのサウンドスケープが、新たなサウンド・プライミングとして働きます。川のせせらぎや時折跳ねる水しぶきが、水・新鮮・魚を想起させるのです。

ここで重要な点は、魚への誘導を、さりげなく行っていることです。マーケティングのゴールデンルールにあるように、消費者に対して、あまりにも直接的な関連性を示しては逆効果です。したがって、次の鮮魚セクションに導きたいからといって、海のサウンドを前景にデザインするべきではありません。

野菜や果物エリアにあるサウンドスケープによって鮮魚セクションへ誘導された顧客は、すでに「新鮮」というイメージをもってその場へ進んでいるため、目の前の商品を「新鮮」であると感じる可能性が高まります。

顧客の移動速度はなるべくゆっくり、広い視野をもってさまざまな商品に目を向けることが望ましいため、店内中央のエリアでは、**ヴォーカルを含まない楽器のみで構成されたインストゥルメンタル、メジャー（明るい）、スローテンポのミュージック**でサウンドスケープをデザインします。

アルコール販売のセクションでは、入り口スペースで耳にした「ラテンミュージック」によるサウンド・プライミングの効果が高まります。入店以降、歌詞のない、静かで穏やかなサウンドスケープに滞在している顧客にとって、入り口スペースで耳にした「ラテンミュージック」のみが唯一のヴォーカル。アップテンポのリズミカルなサウンドであったことから、ラテンミュージックはインパクトをもつプライミング刺激となります。

「ラテンミュージック」を耳にした顧客は、その楽曲の言語（イタリア語）、リズムなどから、これまでの経験によって無意識下に「ラテン、イタリア」をイメージします。

ワイン売り場で「イタリア」のラベルを見ることによって、あらためて「ラテン、イタリア」のイメージが刺激され、その商品に目を向ける、手を伸ばす、ボトルをもつ、ワインラベルを再び見る、さらに刺激が強まる、購入を検討する、というように顧客の購入決定につながっていきます。

このケーススタディでは、「ラテンミュージック」としましたが、入り口スペースでのサウンド・プライミングでは、店側が顧客に何をアピールしたいか、何を販売したいかによる選曲とサウンドデザインが必要です。

消費者のニーズや欲求、動機を総合的に理解したサウンド・プライミングは、ブランドの認知と売り上げの増加を促進するための強力なツールの一つになります。

また、音楽のジャンルによる、消費者の行動変化を取り入れることも可能です〈11〉。たとえば、クラシック音楽は、より高価なものの購入を検討させる効果があり、**カントリーミュージックは、歯ブラシなどの実用的な商品の購入増加**につながることが示されています。

店舗や商業施設では、顧客の導線が売り上げに直結します。**何かに向かって動いていく「アプローチ行動」と、その環境から抜け出そうとする「回避行動」**を、サウンドを使って促していくことで導線を描くことができます。

また、商品の内容とその空間の雰囲気によって顧客は購入を決定していくことになりますが、ときとして、サウンドによって演出された雰囲気が、商品そのものよりも強く購入の決定に影響することがあります。

つまり、適切なサウンド（サウンドスケープ）とは、その空間の責任者や担当者の「好みのサウンド」ではないということです。

ここでご紹介したような科学的エビデンスをもとに、戦略的にサウンドを選択していくことで、サウンドパワーをビジネスに生かすことができるのです。

COLUMN

サウンドを採用するヒント

本章でご紹介しきれなかった部分も含め、どのようなサウンドがどのようにわたしたちを誘導するのかをまとめておきます。

●テンポ：顧客の移動速度に影響

アップテンポ　移動速度を速める
目的の商品セクションへ向かわせる（視野狭窄、前進効果）
店内滞在時間が短くなる

スローテンポ　移動速度をゆっくりにする
目的以外の商品セクションへ向かわせる（視野の広がり、立ち寄り）
店内の雰囲気を楽しみ、購入を検討する
店内滞在時間が長くなる

●ジャンル：店内滞在時間、商品の購入傾向に影響

ヒットチャート　滞在時間を8％短縮
なじみのない曲　滞在時間を長くする
クラシック音楽　高価な商品の購入率が増加
　万引き率の減少〈12〉
カントリーミュージック　日用雑貨、実用的商品の購入率が増加

●ヴォーカル（歌詞）：購買意欲に影響

歌詞あり　購買に向いていた関心の減少

●キー：顧客の心理に影響

メジャー（明るい）サウンド　明るい、ポジティブな感情

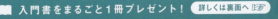

マイナー（暗い）サウンド　暗い、ネガティブな感情

●音量レベル：滞在時間に影響

大音量　ストレス反応が増大し滞在時間が減少
適正音量レベル　穏やかさ、快適さを感じ滞在時間が増加
静かすぎる　騒音に敏感になり、居心地の悪さを覚える。滞在時間が減少

●周波数：食品の購入傾向に影響

高い周波数　果物やスイーツなどの売り上げ増加
低い周波数　ビールなど苦味をイメージする商品の売り上げ増加

第5章

ブランディングの
サウンドパワー

新しいアイデア、革新的な製品、エキサイティングな企業がひしめき合うコンペティティブな近年の市場では、企業ブランドを確立し、認知させていくことが、これまで以上に重要になってきています。

マーケティング担当者は従来、企業ブランドをイメージしてもらう方法として、ヴィジュアル・ロゴ（視覚認識ロゴ）、特定の色（ブランドカラー）、文章（テキスト）など、ヴィジュアル表現を使ったアプローチを取ってきました。

ここに、サウンドパワーを取り入れることはできないのでしょうか？　もちろんできます。

事実、世界は今、ヴィジュアルのアプローチから、**次世代に向けた新しいブランディング「ソニック・ブランディング」**に取り組み始めています。

そして、ソニック・ブランディングを採用した企業は、サウンドパワーを活用し、ターゲット・オーディエンスとの親和性を高めていっています。

ハーバード・ビジネス・レビューの研究では、サウンドをブランディングに使うことでサービスや製品を明確に差別化できることがわかった、と発表しています〈13〉。

新時代のビジネス戦略「ソニック・ブランディング」

「Ba da Ba Ba Bah, i'm lovin' it」

このサウンドを聞いたとき頭に浮かぶ企業はなんでしょうか?

もちろん「マクドナルド」ですね。サウンドを聞いただけでその企業のことが連想される。しかも、そのサウンドが企業のブランド・アイデンティティまでも伝えてくれる。このように夢のようなことを可能にしてくれるのが、「ソニック・ブランディング」です。

これは、視覚的に飛び込んでくる企業ロゴと同じように、耳から飛び込んでくるサウンドによって**企業アイデンティティを顧客に強く印象付ける、次世代のビジネス戦**

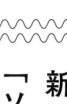

略です。

サウンドパワーを活用したソニック・ブランディングは、企業と顧客をつなぎ、企業ブランドを文化や言語、さらにはヴィジュアルの世界さえも超えて多くの人々に伝える、強力なパワーをもっています。

言語が違ってもすぐわかる

先程ご紹介した「Ba da Ba Ba Bah, i'm lovin' it」というサウンドをもう一度思い出してみてください。ここに出てくる言葉は英語ですが、わたしたちのように英語圏の人でなくても、この躍動感のあるサウンドを聞くことで、すぐにマクドナルドを思い浮かべます。

世界中のどのような言語圏にいようと、一種類のサウンドから特定の企業ブランドをイメージできるというのは、あらためて考えてみるとものすごいことです。

さらにこのサウンドは、ブランドを想起させると同時に、ポジティブなメッセージをわたしたちに伝えています。「i'm lovin' it」というサウンドのコマーシャルパワーを調査した研究〈14〉によると、そのサウンドだけでファストフードに対する人々の印象が良くなったといいます。

このサウンドを聞いた後、顧客の、マクドナルドに対する「ハッピー」という感情が9％上がったというデータもあります（マーケティングにおいて「ハッピー」の感情は、友人に共有したりリツイートするなど、身近な人とシェアする可能性が高くなるという意味をもちます）。

ドー、ド・ファ・ド・ソ

日本に住む方は、アメリカ人ほどピンとこないかもしれませんが、「インテル」のソニック・ブランディングは、成功している代表例とされています。それは、「D-n, Ba ba ba ban（実音：ドー、ド・ファ・ド・ソ）」という、たった5つの音からなる短いサウンドです。

このサウンドは、インテル・インサイドキャンペーンの一環として、１９９４年に初めて導入されました。このシンプルなサウンドは、４半世紀も前に作曲されたものですが、これによってインテルは、**世界でもっとも認知度の高い企業ブランドの一つとなりました。**

サウンドを作曲したワーゾワ氏によると、「インテル インサイド（日本では「インテルはいってる」）」のタグライン（顧客に提供しているコアとなる価値を言葉で表現したもの）を聞き、そのとき頭のなかに響いたリズムをもとにこれを制作したのだといいます。

日本はまだその重要性に気づいていない

ソニック・ブランディングは、ただ単に、顧客やクライアントに、企業名や商品、サービスを覚えてもらうためのツールというわけではありません。繰り返しになりますが、これは、サウンドの力を使って、企業ブランドに対する「感情・記憶・行動」を喚起するビジネス戦略です。

ところが、ソニック・ブランディングには非常に多くのメリットがあるにもかかわらず、**日本国内ではまだ本格的に取り組む企業が少ない**というのが現状です。

ソニック・ブランディングは、欧米の企業や大企業が取り組むことと考えられているようですが、今後、スマートスピーカーの普及など、顧客と企業がサウンドによってコミュニケーションする機会はどんどん増えていきます。

今こそ、認識をアップデートする絶好の機会といえるでしょう。

次節からは、ソニック・ブランディングがどのようなものかを掘り下げていきます。

ソニック・ブランディングの3大要素

ソニック・ブランディングには、顧客と企業が出会うシーンに応じて、いくつかの異なる「タッチ・ポイント」、より正確に表現するなら、「サウンド・ポイント」があります。

たとえばスマートスピーカー（グーグルやアマゾン等）、電話の保留音（音楽）、テレビ広告、ラジオ広告、企業内ビデオ、ウェブサイト、会社のウェイティングエリアのＢＧＭ、提供する施設内のＢＧＭなどです。

ソニック・ブランディングを行うというのは、**すべてのサウンド・ポイントで、企業ブランドを統一する**ということです。

そのためには、何が必要だと思いますか？

ここでまず必要となるのが、**「ビジネスアンセム」**です。

国を象徴するものとされる「ナショナルアンセム（国歌）」のように、その企業を象徴するものが「ビジネスアンセム」です。これは、企業アイデンティティを表現し、伝えていくための「メッセージ」と捉えると考えやすいでしょう。

ビジネスアンセムは、言葉によるメッセージですが、これを、サウンドで表現したものが**「サウンド・ビジネスアンセム」**です。

サウンド・ビジネスアンセムは、企業の理念や理想を言葉にしたビジネスアンセムを音として発信するサウンド・エクスプレッションであり、従業員の意欲を向上させ、会社に対するロイヤリティーを高める社歌とはまったく性質の異なるものです。

そして、ビジネスアンセムをひと目、ならぬひと聞きで認識できるように表現したものが、**「ソニック・ロゴ」**です。

ソニック・ブランディングは、①ビジネスアンセムを起点に、それをサウンドで表現した②サウンド・ビジネスアンセムと、印象的な短いサウンドに圧縮した③ソニック・ロゴから構成されるものなのです。

サウンド・ビジネスアンセム

企業の理念や理想、事業内容、顧客とのつながりを、ビジネスアンセムとしてシンプルな言葉でまず表現し、それに基づいてサウンド・ビジネスアンセムを制作していきます。

サウンド・ビジネスアンセムは、企業アイデンティティをサウンドとして伝えるものであり、企業と顧客とのあいだに感情的つながりをつくります。顧客にとってそれは、個人的なストーリーや感情を記憶する、一種の記憶媒体として機能します。

では、サウンド・ビジネスアンセムは、わたしたちにどのようにしてメッセージを伝えているのでしょうか？　具体例を見てみましょう。

ブリティッシュ・エアウェイズのサウンド・ビジネスアンセムは、オペラ「ラクメ」の「花の二重唱（Flower Duet）」です。「花の二重唱」は、1881年に作曲されたオペラ「ラクメ」での劇中、女性2人（ソプラノとメッツォ・ソプラノ）が奏でる有名なデュエット曲です。

ブリティッシュ・エアウェイズは、この既存楽曲をサウンド・ビジネスアンセムとして、テレビやラジオのCMや搭乗、機内などで採用しました。

ブリティッシュ・エアウェイズを利用されたことのある方は、一度は耳にしたことのあるサウンドだと思います。「花の二重唱」がわたしたちからどのような感情を引き出すか、簡単に見ていきましょう。

▼「クラシック音楽」「オペラ」というジャンルから感じられる、**伝統、上質、歴史、高級感、上品、落ち着き、安心感、ストーリー性**

▼女性2人の歌唱デュエットによる、**優しさ、きめ細かさ、美しさ、繊細さ、ていねいさ、上品さ**などのイメージ

▼穏やかな旋律が与える、**激しくない、柔らかい、穏やか、安定感、前進、広がり**などの印象

これらを総合すると、ブリティッシュ・エアウェイズのサウンド・ビジネスアンセムからは、**「伝統ある信頼感、きめ細かでていねいなサービス、安定感のある安全で快適な飛行、上質なフライト」**といったメッセージが読み取れます。

ブリティッシュ・エアウェイズのように、すでに社会に存在する既存曲を採用する場合は、そのサウンドからビジネスアンセムのストーリーを語ることができるかどうか、そのサウンドで顧客にどう感じてほしいかという2点を基準に選曲することが大切です。

ソニック・ロゴ

サウンド・ビジネスアンセムがそうだったように、ソニック・ロゴもまた、顧客と企業ブランドが共有する価値観が記録されている一種の記憶媒体です。ただしこちらは、「ロゴ」なので、ギュッと短く圧縮されたサウンドとなります。

これは、ジングルと呼ばれる、テレビやラジオなどで場面が切り替わるときの合図音とは一線を画するものです。

これまでに「ソニック・ロゴ」なんて聞いたことがないと思う方もいるかもしれませんが、そんなはずはありません。ソニック・ロゴはわたしたちのサウンドスケープのなかに、すでにいくつも侵入してきています。

ウィンドウズやマックの起動音もそうですし、先程ご紹介したマクドナルドの「i'm lovin' it」、インテルの「D-n, Ba ba ba ban」もそうです。

そして、このソニック・ロゴ、**欧米企業やグローバルカンパニーの専売特許ではありません。**最近はあまり聞く機会がなくなりましたが、屋台ラーメン（夜鳴きそば）のチャルメラのサウンドは大正時代から、また豆腐屋のラッパのサウンドは約230年前の江戸時代から続く「ソニック・ロゴ」です。

これらのサウンドは、ただのニーモニック（何かを記憶しやすくするためのシグナル。記憶するための替え歌）や、特に意味のない「ただの音」として聞こえているかもしれません。しかし、企業にとってこれらのサウンドは、非常に重要な戦略的効果をもっています。

ソニック・ロゴは今後さらに重要性を増す

魅力的なソニック・ロゴは、企業ブランドを際立たせます。サウンドによるソニック・ロゴは、顧客にその企業ブランドを想起させ、感情を呼び起こし、ブランドとのつながりを強化するからです。

その背後にあるのが、短いサウンドから記憶や感情を呼び起こす音の力、サウンドパワーです。

携帯電話から聞こえる雑音で、相手がどこにいるかが分かるように、わたしたちは、サウンドの断片やノイズから、地理的な場所をいとも簡単に特定することができます。

また、サウンドから時間情報を取り出すこともあります。たとえば、「夕焼け小焼け」の出だしのサウンドを数秒聞いただけで、「あ、もう夕方だ」と気づきます。緊急地震速報のサウンドのように、わずか1秒にも満たない時間で注意喚起を促すことさえ可能です。

ビジネスアンセムに沿って制作されたソニック・ロゴは、顧客と企業のつながりを強化させるだけではなく、その企業のことをまだ知らない未来の顧客にもブランドを広める可能性をもっています。

当然のことながら、ソニック・ロゴがビジネスアンセムに沿って制作されていなかった場合には、企業の本来の理念とは異なったイメージが人々に伝わってしまいます。

ヴィジュアル・ロゴは、それを見た人の関心を引くものですが、ソニック・ロゴは、たとえその人の関心や注意が別の場所にあったとしても、24時間休むことない聴覚から流れ込み、人々にメッセージを伝えていきます。

そのため、ソニック・ロゴは、ヴィジュアル・ロゴと同じくらい、いやそれよりももっと明確に企業ブランドを表現するように細心の注意を払って作られなければなりません。

みなさんの身の回りにも普及し始めているアマゾンの「アレクサ」やグーグルの「グーグルホーム」などの**スクリーンレスデバイス**のことを考えると、ソニック・ロゴの必要性が高まることは明らかです。

また、これらに限らず、新たな「サウンド・ポイント」で顧客とのコミュニケーションを迫られる場面が、今後さらに増えていくことも間違いありません。

ソニック・ロゴは、今後ますます重要なものとなっていくでしょう。

ロゴは、見るから聞くへ

マスターカードは、2019年2月、アメリカで、「ソニック・ブランド・アイデンティティ」を発表し、新たなるソニック・ブランディングの分野にデビューしました。スマートフォンやその他のモバイルデバイスに対応し、これまで世界中の人々に知られてきた**ヴィジュアル・ロゴから、「Mastercard」のブランドネームを削除**したのです。

その結果、消費者がマスターカードとして認識できるような、赤と黄色の円のみが残されることとなりました。ナイキの象徴的なロゴや、アップルのひと口かじられたリンゴのロゴなど、わたしたちはこれまでに、グローバルブランドの**企業名の無い「無言のロゴ」**を見てきましたが、マスターカードもその仲間入りをしたというわけです。

現在消費者は、1日あたり約5000もの広告にさらされているといわれています。

これほどまで大量の情報があふれかえっているなかで、消費者の注意を特定の企業に向けさせるのは簡単なことではありません。

さらに、ポッドキャストや、アマゾンのアレクサやグーグルホームのような、スクリーンレスデバイスの使用が増加している世界では、消費者がスクリーンで「ブランドを『見る』」時間はどんどん短縮されていきます。

スクリーンレスのデバイスでは、言うまでもなく、マスターカードを「見る」ことはできません。スクリーンレスの新たな環境からは、マスターカードを「聞く」ことになります。

このような消費者の行動変化からも、企業はこれまでとは違った方法で、ブランドを識別可能なアイデンティティを表現して、消費者のブランド認識を高めていく必要性に迫られています。

400億ドルの巨大市場の覇権争いが始まっている

「音声によるボイスショッピングのマーケットは、イギリスとアメリカを合わせて、**2022年までに400億ドル（約4兆4千億円）に達する**〈15〉見込みで、サウンド・ブランド・アイデンティティは、企業ブランドと消費者を新たな次元で結びつけるだけではなく、消費者がますますデジタル化、モバイル化する世界でショッピングや、生活、支払いを可能にするツールでもある」と、マスターカードはプレスリリースで発表しています。

注目すべきは、なんといっても400億ドル（！）という市場規模でしょう。**ソニック・ブランディングは、この巨大市場の覇権争いの主戦場となる**ことが見込まれています。

もちろん、マスターカードだけがソニック・ブランディングに注目し、新たな方法を模索しているわけではありません。競合企業のビザカードも、これまでのヴィジュアル・ロゴや既存のマーケティング媒体を超えた、新たなブランド・アイデンティティの構築を試みているようです。

さらに、マスターカードやビザカードなど、クレジットカード以外の他業種企業も、この新しいブランディング戦略に投資し、顧客と企業ブランドとの新たなリレーションを構築しようとしています。

こうした企業ブランドの新たなる挑戦によって、わたしたちのライフスタイルや既存概念が大きく変わっていくことでしょう。

マスターカードが今回デビューした「新たなる」ソニック・ブランド・アイデンティティのような戦略は、まだ十分には活用されていません。

マスターカードは、それを変えるための第一歩を踏み出したにすぎません。

マスターカードがプレスリリースで説明しているように、ソニック・ブランディングを制作することは、単にサウンドやソニック・ロゴを制作して、それらをCMで使用することだけでは十分ではないからです。

マスターカードは、世界中のミュージシャン、アーティスト、エージェンシーや音の専門家を含む多くの異なるプロフェッショナルにアドバイスを求め、サウンド・ビジネスアンセムの制作に臨みました。

「メジャー・サウンド＝明るい」「マイナー・サウンド＝暗い」のように、サウンドから表現された感情の一貫性が見込まれるスタンダードを維持しながら、異なる文化との共感をも高め、世界的に適応された新しいスタイルのサウンド・ブランディング戦略にチャレンジしています。

日本に導入される日ももうすぐ（?）。今から楽しみですね。

サウンドは、人々が**ブランドとのリレーションを構築していくための強力なツール**になります。

誰かが自社のソニック・ロゴを口ずさみ、あるいはハミングしている。そんなシーンに出会う機会が近い将来訪れるかもしれません。

成功するソニック・ブランディング6つの特徴

今後、ソニック・ブランディングが企業にとって非常に重要なものとなってくること、おわかりいただけたでしょうか。

では、印象に残る、ブランドに対するポジティブなイメージを伝えるソニック・ブランディングとはどのようなものなのでしょうか。最後に、このことについて考えていきたいと思います。

私自身コンサルティングに携わることも多く、その経験から、成功するソニック・ブランディングには次のような特徴があると感じています。

1 サウンド・ポイントを網羅している

そのブランドにぴったりのサウンド、広告にふさわしいサウンドを選ぶことがソニック・ブランディングではありません。

企業が発信するサウンドと顧客との接点、すなわち、「サウンド・ポイント」はもっとたくさんあります。

たとえば、電源を入れたときに発するデバイスのサウンド、ウェブサイトをクリックしたときの1秒未満のサウンド、販売店のBGM、電話の「保留」サウンドなど。

こうした**サウンド・ポイントをしっかりとカバーできているかどうか**がポイントとなります。

2 顧客像が明確

「あなたの会社がターゲットとする、平均的な顧客は何歳ですか？」

「彼らはどのような製品、サービスを求めていますか？」

「競合企業はどのようなサウンド・ブランディングをしていますか？」

成功するソニック・ブランディングは、これらの問にはっきりと答えることができます。

サウンドによる**メッセージを伝えたい顧客像が明確**になっていて、その顧客にどのように感じてほしいかが明文化されているからです。

これがあるからこそ、ブランドイメージを正確に伝えるサウンドを作り出すことができる、ともいえます。

3 サウンドで感情を引き出している

成功するソニック・ブランディングには、**顧客の感情をうまく引き出す**ようなサウンドが求められます。

「i'm lovin' it」の躍動感がそのいい例です。

あるいは、メールを送信するときにアップルのデバイスから聞こえる「フーッ」というサウンド。あのサウンドから、メールが無事送られているという安心感が得られます。

4 オリジナルのサウンドを制作している

コンサルティングの現場では、人気アーティストの曲、お気に入りの曲を採用したいと言われることがよくあります。

しかし、それが最良のソニック・ブランディング戦略になることはめったにありません。

そのポピュラーソングについてのイメージがすでに固まっていることが多く、クライアント企業の求めるイメージを十分に表現することができないからです。

自社の個性を強調し、ユニークさを顧客に印象付けるサウンドをゼロから制作することで、ソニック・ブランディングを成功に導くことができます。

5 シンプル・イズ・ザ・ベスト

20世紀フォックスやインテルなど、優れたソニック・アイデンティティをもつ企業の共通点は、顧客が瞬時に認識できる、言葉に頼らない「音色のサウンド」を採用していることです。

顧客にブランド・アイデンティティを伝えるためのサウンドは、**数秒間もあれば十分**なのです。

6　一貫したサウンドを用いる

ソニック・ブランディングとして制作されたサウンドは、その企業を表現する「指紋」となります。特定の企業向けにパーソナライズされたサウンドは、企業の将来を左右する大きな価値をもちます。

製品やサービスごとに異なる音楽を採用するCMと違い、ソニック・ブランディングでは、異なるサウンド・ポイントの間でも、**同じメッセージを伝えるサウンドを用いる**ことが求められます。一貫したサウンドは、顧客からの信頼と親密さの強化につながります。

第6章

声のサウンドパワー

あなたは、自分の声に自信がありますか？　同じことを話しているのに、人を動かすことができる人と、そうでない人がいる。その違いは、声のサウンドパワーの差なのかもしれません。

どのような声を発するかに、あなたのリーダーシップは大きく左右されます。日々の会話からミーティング、交渉、決算報告や投資家へのプレゼンテーション、スピーチなど、あらゆるビジネスシーンで「声」というサウンドが、存在感やカリスマ性を表現しているからです。

自信に満ちた顔つきの人から、信頼できる声を聞く。これによって、その人の好感度はぐっと高まりますね。わたしたちは、他人に対する第一印象を複数の感覚情報から築き上げます。

このとき声は、顔の表情や外見などの視覚情報と並ぶ、**第一印象を形成するもっとも重要な情報**となります。

本章では、聞き手の関心を引き、伝えたい情報を正しく発信するための声のサウンド表現戦略、「サウンドオーラルストラテジー」についてご紹介します。

サウンドオーラルストラテジー6つのポイント

魅力的で説得力のある声（サウンド）をもっていれば成功への道が開かれる、というわけではありませんが、ビジネスの成功者やさまざまな国の政治家たちが、スピーチのトレーニングを行っていることはまぎれもない事実です。

スピーチトレーニングというと、息継ぎのタイミングや滑舌を改善するボイストレーニングのイメージがあるかと思いますが、サウンドオーラルストラテジーはもっと広い領域をカバーするものです。

単語、声のピッチ（高さ、低さ）、話すテンポ、スピーチするときの強調やブレイク（静寂の間合い）などを、総合的に、そして戦略的にデザインしていくのです。

このとき考慮すべきものは主に、

❶「音色」
❷「ピッチ」
❸「テンポ」
❹「音量レベル」
❺「静寂」
❻「プロソディー」

です。それぞれについてポイントを見ていきます。

1 音色：効果的な語彙を選ぶ

2016年、当時のアメリカ合衆国オバマ大統領が、広島を訪問した際のスピーチでのことです。

彼は、あるセンテンスのなかで、「Hibakusha（ヒバクシャ）」という語彙を採用しました。「Atomic bomb victim（アトミック バンブ ビクティム）」と表現しても何ら問題はなかったことでしょう。むしろ、その方が自然かもしれません。

オバマ元大統領は、なぜあえて「Hibakusha」という語彙を選んだのでしょうか？

聞き手の心に響くスピーチでは、**語彙の選択が慎重**に行われています。同じ意味をもつ単語でも、どのように表現するかによって、聞き手の印象が異なってくるからです。

オバマ元大統領が、日本に向けて発信するこのスピーチのなかで、「ヒバクシャ」という日本語の語彙を選択したことには、もちろん戦略的な背景があります。

オバマ元大統領は、スピーチのなかに日本語のサウンドを挟むことで、被爆者やその遺族、そして日本国民に対して、その言葉以上の感情を伝えようとしたのです。

わたしたちは、**母国語のサウンドを鋭くキャッチ**することができ、このとき親しみや共感、友好的な感情を覚える傾向があります。海外旅行に行って、「コンニチワ」「アリガトウ」などと話しかけられると、つい振り向いてしまったり、余分に買い物をしてしまうことがあるのも、このためです。

あなたの発言に聞き手にとってキャッチしやすい語彙が含まれていて、さらにそれが共感を覚えやすい語彙だった場合、聞き手の理解を深め、心に響く影響力のある発信となります。

2 ピッチ：ベースピッチは低く

誰かが高いピッチで「キャー」と声を上げれば、ほとんどの人がその声の方向に注意を向けますね。**高いピッチの声は、人を覚醒させる、つまり、注意を引く効果があります。**

乳幼児の泣き声が高いピッチなのは、母親を含めた周囲の大人たちからの注意を引くことができるからであり、また母親らが乳幼児に対して簡略化した話しかけをする「マザリーズ」が高いピッチなのは、乳幼児の関心を引きつけ、言葉への注意を持続させる効果が見られるからです。

一方、低いピッチのサウンドはどうでしょうか？

全米の上場企業８００社の男性ＣＥＯ７９２人の声の研究から〈16〉、**低いピッチで深みのある声の人は成功を収める可能性が高い**ことが示唆されました。

この調査は、男性を対象にしたものでしたが、女性の場合も、低いピッチのほうが説得力や落ち着きのある印象を与えます。

イギリスのサッチャー元首相は、自身のもともとのピッチよりも低いピッチで話すトレーニングを行っていたことが知られています。

低い、深みのある声は、聞き手に安心感を与えるため、その話の内容や人間のキャラクターに対しても信頼性が高まり、**社会的優位性、カリスマ性、リーダーシップ**などを感じさせます。

あなたの声が「低い、深みのある」ものではなくても心配はいりません。呼吸や口の開閉のトレーニングによって「声」を作ることができます。

強く深みのある声、表現力豊かな声は、横隔膜呼吸（腹式呼吸）から始まります。

お腹を膨らませるようにして息を鼻から吸って、その息を胸部に響かせるようにして声を出してみると、身体が楽器になったかのように、響きと深みのある声が出るようになります。

また、あくびをするように口をゆっくりと縦に大きく開けてみると、口腔内のスペースを感じることができます。発音の際に、口をよく動かし、**口腔内のスペースを意識して発声のトレーニングをする**ことで、はっきりとした声となります。

英語などと比べ、日本語は口腔内のスペースや顔の筋肉を使わなくても発話できる言語ですが、スピーキングスキルを身に付けるためには、このような発声トレーニングが有効です。

このような腹式呼吸や口腔内スペース、口の開閉トレーニングを毎日行っていくと、徐々にオリジナルの声から磨かれた声に変わっていきます。

そのうえで、低いピッチの声を出してみてください。トレーニングを経たあとで発せられた声は、磨きのかかった魅力的な声に変化しているはずです。

このトレーニングは、オリジナルの声がもともと低い方にもおすすめです。声帯に過度な負担がかからない発声になり、魅力的かつはっきりと聞き取りやすいサウンドになります。間違っても、「低い、深みのある声」を出そうと、下を向いたり力んだりしないことです。

なお、ベースピッチは低めを保ち、注意を促す一部の内容のみピッチを高くする方法もあり、「ダイナミクスサウンド」と呼ばれます。ピッチの高低差による効果の違いを生かしたワンランク上のサウンドオーラルストラテジーとなります。

3 テンポ：ベーステンポはゆったりで緩急をつける

眠気を誘う講義をする先生の話し方を思い出してみてください。速いテンポだったり、ゆったりしたテンポだったりと、話す速さはまちまちだったかもしれませんが、ずっと早口、あるいはずっとゆったりなど、**話のテンポが一律**ではなかったでしょうか？

テンポが変わらない話し方では、聞き手の関心や注意を持続させることができません。

効果的に話をするためには、話す内容、場所、聞き手の属性などを考慮して、条件に適したテンポを選ぶことが必要です。

原則は、**ベーステンポをゆったりめ**にすること。クリアな発信ができるのはもちろんのこと、安定感・誠実さ・知性・落ち着き・上品さ・信頼性を表現することができます。

人前で話をするシーンでは、緊張からテンポが速くなる傾向があります。これは、自信のなさや未熟さ、信頼性に欠ける印象を聞き手に与えますので、要注意です。

そもそも、耳で聞いた音を理解するスピードは、一般的な内容の場合で1秒間に7文字分といわれています。そのため、1秒間に6文字以下のゆったりとしたスピードで話すことで、聞き手に伝わりやすくなります。

ちなみに、NHKは、1秒間に5文字です。アナウンサーがニュースを読むテンポを参考にしながらベーステンポを決めてみてください。

そのベーステンポを基調に、熱意を示したいところでテンポを上げる、キーワードとして強調したい、あるいは、強い意思を示したいところでテンポを下げるなど、**緩急をつける**ことで、聞き手を引きつけるスピーチとなります。退屈な授業とは反対のことをすればいいわけです。

4 音量レベル：あえてささやくのも大事

音量レベルも、「3 テンポ」と同様、メリハリがないと聞き手を飽きさせてしまいます。

強調したい内容を話すときは、自然と大きな声になりがちですが、聞き手の関心を引きたい、親密さや特別な内容として表現したい場合は、**あえてささやくような音量レベルで発信する**というのも効果的です。

スピーチやプレゼンテーションなど、あらかじめ原稿を用意する時間がある場合は、原稿に強弱のサインを書き込み、それに従って音読したものを録音するなどして、客観的に聞き直してみるのが有効です。

ちなみに、私がスピーチコンサルティングを行う際は、原稿にあらかじめ強弱記号（f：大きい、p：ささやき）を書き込むようにしています。

5 静寂：しっかりと息継ぎをして、間合いを取る

聞きやすい話には、センテンスとセンテンスのあいだに**十分な間合い**があります。あなたの話はどうでしょうか？

実は、多くの方が、この間合いを十分に取れていません。

これは、聞き手の理解度を低下させるだけでなく、自信のなさや、信憑性の欠如、懐疑、経験不足などネガティブな印象を与えます。

その原因の一つが、呼吸です。想いが強く、興奮・緊張状態にあると、**息継ぎが浅くなってしまいます。**

息継ぎが浅くなるということは、センテンスとセンテンスのあいだ、間合いが短くなることを意味します。

また、呼吸が浅くなることによって喉に負担がかかり、息苦しさやそれに伴う発汗、顔の紅潮なども起こります。結果として、自身の考えを正確かつ冷静に発信することができなくなってしまいます。

息継ぎが浅くなることについて、話し手自身気づいていないケースが多くあります。しっかりと息継ぎをして、間合いを取るよう心がけましょう。

特に注意を向けてほしい内容を話すときは、直前のセンテンスの終わりから次のセンテンスが始まるまでのあいだで**5秒間の間合い**を取ります。

スピーチやプレゼンテーションなど、スピーキングにおける「5秒間」は、わたしたちがふだん感じる5秒間よりもずいぶんと長く感じられます。この静寂を恐れてはいけません。

話し手にとっても、この5秒間はかなり長く感じられますが、静寂の間に次の発言内容に注意が向き、興味や関心が高まります。「1 音色」で例に挙げた大統領のスピーチでも、「Hibakusha」という語彙が出てくるセンテンスの直前に5秒間の間合いが設けられています。

6 プロソディー：抑揚をつける

効果的に話すためには、プロソディー（抑揚）が重要です。プロソディーには、聞き手の注目を集めたり、伝えたい情報を正しく発信し、理解を促す効果があります。抑揚を付ける方法はさまざまあり、ここまでにご紹介してきたものと重なるところもありますが、左記にまとめてご紹介します。

▼選択した語彙を適切なアクセントではっきりと発声する。
▼伝えたい内容や意味をフレーズで区切る。
▼ベースピッチを低くしたうえで、高くしたり低くしたり変化させる。

▼ピッチが高くなっていかないように注意する。
▼不適切な箇所でイントネーションを上げないようにする（質問や同調を求めるときに上げるのはOK）。
▼ベーステンポを決め、効果的に速度を変化させる。
▼効果的な間合いを取り、静寂から聞き手の注意や関心を引く。
▼過度な抑揚は控える。
▼センテンスの合間に「えー」「えーと」「あのー」などを挟まない。

声のサウンドパワーを十分発揮していくには、1～6を組み合わせたデザインが重要です。

発信したい内容、伝えたい感情、ターゲット（聞き手）の分析を行い、いかに声をデザインしていくかは、今後やってくるサウンド社会のなかで戦略的に取り組む課題となるでしょう。

アレクサやシリにはまだないリーダーの響き。成功のサウンドを作るサウンドオーラルストラテジーは、わたしたち人間にこそ実行できることなのです。

第7章

健康と生産性のサウンドパワー

音とわたしたちは、生活のなかで24時間何かしらの関わりをもっています。意識的に耳がキャッチする音、無意識にキャッチする音、そしてときには不本意にもキャッチせざるを得ない音があります。

3つ目の音、すなわち快くない音は「騒音」とも表現されます（第2章でも触れましたが、ノイズ＝騒音、というわけではありません）。騒音は「特に大きな音や不快な音、または障害を引き起こす音」と定義されています。

騒音にもパワーがあります。ただし、これまで見てきたさまざまなパワーとは異なり、マイナスのパワーです。

BGN（バックグラウンドノイズ）などと呼ばれる、不本意にもキャッチせざるを得ない音は、その空間を不快なものに変えるだけでなく、わたしたちの**健康を害したり、生産性を下げるようなマイナスのパワー**をもっています。

しかし、騒音がもつマイナスのサウンドパワーについて、ほとんど認識されていないのが現状です。その結果、日本は今、公害とも呼ぶべき音環境にさらされています。

もはや無視できないBGN

外食したときのことを思い出してみてください。そこには、どんなサウンドが存在していたでしょうか？

足音、隣のテーブルの会話、食器の音、あるいは、キッチンからも音が聞こえていたかもしれません。

実は、過去20年にわたり、**世界中のレストランで、BGNレベル（BGNのうるささ）がどんどん高まってきています。**

2018年のザガット（レストラン評価本）が実施した顧客調査では、レストランに対するクレームは、サービスの質の悪さなどを抑えBGNが筆頭に挙げられていました〈17〉。

新鮮・安全な食材、美味しい食事、美しい盛り付け、良いサービスを提供していて

BGN評価システム

80デシベル以上	非常にうるさい
71～80デシベル	声を張り上げて話す必要あり
60～70デシベル	会話を楽しめる
60デシベル未満	静か

も、BGNレベルが高いと、顧客の印象は著しく損なわれてしまうのです。

わたしたち日本人は、飲食店のBGNレベルにそこまで敏感ではありません。その証拠に、飲食店の情報が掲載されたサイトに、「音」の情報が含まれていることは稀です。

しかし、ニューヨークやロサンゼルス、ロンドンなどでは、評論家たちが、**食品の品質のみならず、BGNレベルについても定期的にリポートしています。**

たとえば、ニューヨークタイムズ紙などでは、BGN評価システムを導入し、レストランを評価する際に参照しています。

今や、顧客が店を選ぶ基準は、身体に優しく・安全な食品が提供されるかだけではなく、一緒に出かける相手との会話を楽しめる空間かどうかも考慮されるようになってきているのです。

みなさんも、飲食店を選ぶ際は、音環境にも注目してみてください。

飲食店はどれほどうるさいのか

なぜ、レストランは年々うるさくなってきているのでしょうか？　そこには、さまざまな要因が絡んでいます。

たとえば、レストランの装飾もその要因の一つです。人気レストランはモダンなインテリアを採用することが多く、そうしたインテリアには、音を反射する硬い表面材質が使われがちです。

さらに最先端のデザインを意識した店舗の多くは、バック・グラウンド・ミュージックの反響・残響、店内の顧客や従業員が行き交う交通音、キッチンからの調理音や洗浄音、顧客の会話などさまざまな音源があり、それらが反射、共鳴することで店内のＢＧＮレベルをさらに増加させています。

実際、どのくらいのＢＧＮレベルになっていると思いますか？

円滑に会話ができるＢＧＮレベルは、55～65デシベル（シャワー音など）ですが、流行りのレストランのＢＧＮレベルは、少なくとも80～85デシベル（業務用ヘアドライヤーや除雪機、バイクのエンジン開始音など）に達しています。繁忙期にもなると、ＢＧＮレベルは90デシベル（道路工事掘削機など）にも上昇します。

人気レストランの豪華な食事を、工事現場のすぐ隣で食べたとして、それが楽しい体験になるとはとうてい思えませんね。

それだけでなく、このような高いＢＧＮレベルは、身体に悪影響を与えてしまいます。

騒音は料理の味を損ね、早食いを促す

騒がしい場所で何かを食べるというのは、心地よいものではありません。食べたものの味も、いつもより劣って感じられます。実はこれ、「うるさくていやだな」という気持ちからそう感じるだけでなく、騒音によって味覚が変化してしまうこととも関係しています。

詳しくは次章「味覚と食感のサウンドパワー」でご紹介しますが、BGNレベルが80〜85デシベルになると、味覚が正常には働かなくなります。意外に思われるかもしれませんが、**音が味を変える**のです。たとえば、次のような影響が出てきます。

▼甘さや塩分を感じにくくなる
▼うま味を感じやすくなる

▼食べ物が乾燥していると感じられる

その結果として、料理人が想定していたのとは違う味を感じることになります。

さらに、高いBGNレベルによって咀嚼回数が増えることが知られています。つまり、騒音は早食いを促すということです。

せっかくの美味しい料理も、味が変わってしまったものを早食いするというのでは、文字通り味気ないですよね。

うるさいとお酒が進み回転率も上がるが……

今度は、レストランではなくバーについて見ていきましょう。

ＢＧＮレベルとアルコール摂取量の関係を調査した研究によると、ＢＧＮレベルが上がるにつれて**グラスを空けるまでの時間が短くなり、より多くの種類のアルコールをオーダーするようになった**そうです〈18〉。

お店にとってみれば、ＢＧＮレベルが高くなると、アルコール販売量が増加し、また、早食いを促すことから回転率の上昇も見込めることになります。とはいえ、はたして、ＢＧＮレベルを高めるというのは売り上げアップの戦略として適切なのでしょうか？

残念ながら、そうはうまく働かないでしょう。

そもそも、顧客にとって早食いは心地よい体験ではありませんし、アルコール摂取量が増えることについては、高いＢＧＮレベルからくるストレスが原因だと考えられています。高いＢＧＮレベルの環境下で、速いスピードでより多くのアルコールを摂取するというのは、ストレスを回避しようとした結果でしかないのです。

高いＢＧＮレベルは顧客クレームの上位にあるということ、また、味覚に影響することによって料理人が提供したい味とは異なる味を感じさせてしまうこと、さらに、会話の不便さからくる居心地の悪さなどを考えると、やはり高いＢＧＮレベルは望ましくありません。

サウンドデザインをしていくときは、さまざまな要因を総合的に考えていくことが求められます。**一時的な売り上げ増加だけを考えるのではなく、サスティナブルな経営戦略が求められます。**

事実、ゆったりとしたテンポの、会話のしやすいＢＧＮレベルにデザインすることで、顧客の滞在時間を延ばし、アルコールやコーヒー・紅茶、デザートの売り上げを増加させているケースもあります〈6〉。

やはり、店のテーマ、コンセプトやターゲットの顧客層をよく検討したうえで、戦略的に音環境をデザインするというのが鉄則のようです。

余談ですが、素敵なバーで美味しいシャンパンやワイン、カクテルなどを、語らいながら楽しみたいときは、店内のBGNレベルが低いお店をセレクトするべきです。相手の話にじっくり耳を傾けることができると同時に、あなたの言葉も相手に心地よく聴こえ、スムーズな会話ができることでしょう。また、必要以上に飲んで酔わないことも、大事なポイントです。

高いBGNレベルをコントロールする方法

本章の冒頭で、日本では、騒音は公害とも呼ぶべき状況になっていると述べました。これは、私がただそう思っているだけというわけではありません。

WHO（世界保健機関）も、騒音を深刻な健康被害の要因であると定義しています〈19〉。

たとえば、BGNレベルが85デシベル以上の環境で働く従業員は、騒音ストレスによる頭痛、自律神経の乱れ、不眠、血圧の乱れなどの体調不良、難聴などの聴覚障害のリスクが高くなり、また、生産性も低下します。

従業員が安全で健康的に働く環境を整え、生産性を維持していくためには、BGNレベルをコントロールする必要があります。

これだけ音があふれているなか、どのようにすれば騒々しい店内という問題を解決できるでしょうか？

ここで、飲食店でのコンサルティング事例をもとに、BGNレベルをコントロールするための方法をご紹介します。

少々長くなりますが、飲食店に限らず、音の反射と吸収の基本的な法則がご理解いただけると思います。

まずは飲食店の音響環境を見てみます。

多くの飲食店は、そのコンセプトに沿った店舗装飾をしています。木製、あるいはタイル張りのフローリング、金属製の電化装飾や備品、空間を広く演出するレイアウト、カウンター越しのキッチン、採光を取り入れる窓、ガラス張りの外観など、さまざまなデザインが施されていることでしょう。

ここに、従業員の声、キッチンのなかの調理器具や食器の洗浄音、換気扇音、テーブルの食器音、料理人の調理動作音や声、顧客や従業員の移動交通音、各テーブルでの会話や動作音、店内のＢＧＭ、冷暖房の送風音・空調や室外機音など、多くの種類の音（振動）が反響し合います。

ＢＧＮレベルをコントロールするためには、**硬い表面と柔らかい表面のバランスを取る**必要があります。音を吸収する素材は、店内の反響を防ぐのに役立ちます。また、一般的に、柔らかい素材は硬い素材よりも音の吸収に優れています。

交通量の多い場所に吸音カーペット

まずは、**交通量の多いエリアを特定**します。テーブルのレイアウトによっても異なりますが、一般的には、店舗入り口のレセプションエリアやトイレの出入り口、キッチンの出入り口が候補となります。バーを併設するレストランの場合は、バーエリアも候補です。

顧客は基本的に着席しているため、ダイニングエリアの交通量が問題になるということはあまりありません。

交通量の多い場所が特定できたら、該当エリアの交通音を減らすために、そこに柔らかな素材のカーペットを敷きましょう。

窓にはカーテン

自然光を取り入れ、店内外を演出する窓は魅力的なデザイン要素ですが、**ガラスは音を反射します。**そのため、窓周辺のBGNレベルに注意する必要があります。

カーテンやロールスクリーンは、店内を審美的に演出するとともに、音の跳ね返りを相殺してBGNレベルを和らげるのに役立ちます。

重厚なドレープのような素材がもっとも吸音効果が高いのですが、店舗のテーマ、コンセプトによっては使いにくいかもしれませんね。薄い生地であっても、十分反射を抑える効果があります。

お店が、交通量の多い道路や高速道路、電車、ヘリコプターや飛行機の航路のそばにあるなど、屋外の騒音レベルが高い場合は、二重音響窓を設置するなどの防音対策が必要です。

緑を配置する

植物の葉、茎、枝、木は、音を吸収します。そのため、壁面にグリーンウォールを設けることで、BGNレベルを下げることができます。

また、大型の植物プランターには、音をよく吸収する堆肥が含まれているので、これを設置することで店内を装飾すると同時に、音環境を改善することができます。配置は、店内の中央よりも隅のほうが効果的です。壁面で反射された音を植物がダイレクトに受け止めてくれることになるからです。

店舗外では、室外機などの、騒音の発生源を囲むように植物を配置するのが効果的です。

植物は、吸音効果とともに、店内外の空気を綺麗にする効果もあります。パサニア（マテバシイ）のような植物であれば、防火・防風にも役立ちますし、外見の良い常緑樹であれば視覚的にも楽しむことができます。

天井・壁・床の間での反響を防ぐ

床が硬く、さらに店内の他の場所に花崗岩や大理石、スチールなどでできた硬い表面の壁や天井がある場合には、**地面（床）・壁・天井とのあいだで音が反響し、騒音を生み出します。**このような環境では、左記のようなささいな音も増幅されてしまいます。

▼歩く
▼テーブルに着く、椅子を引く
▼テーブルの上で食器を動かす

▼テーブルを囲んで顧客が会話する
▼スピーカーからBGMが流れる
▼天井付近から空調・冷暖房のファン音が漏れる
▼キッチンから調理、食器、機械、食器洗浄の音、料理人の話し声が漏れる

このようなときは、天井に吸音タイル（柔らかい布張りなど）を設置したり、頭上に防音パネルを設置することによって音を抑えるようにしましょう。

壁面に布張りした壁パネルを設置するというのも効果的です。

音を意識して椅子・テーブルを選ぶ

硬い素材の床に硬い素材の椅子という組み合わせだと、顧客が椅子を引いたり押したりするたびに、床と椅子の脚の摩擦音が店内に響き渡ります。

フードコートで用いられているタイプの椅子がその典型で、あちらこちらで「ギー」「キー」といった黒板を爪でひっかくような音が発生し、フードコート内をこだまし

ます。

椅子の脚にカーペットの端切れや市販のフエルト生地、椅子脚用のゴムキャップなどを付けることでBGNレベルを下げることができます。

吸音という点では、布生地でカバーされた椅子が有効です。店内のデザインコンセプトとそぐわない場合は、背もたれにひざ掛け用ブランケットを置くだけでも大丈夫です。これは、顧客に対するサービスとしても機能します。

テーブルの表面が木材やスチールといった硬い材質の場合、食器やナイフ・フォーク・箸などを置いたときに発生する音が、かなりの騒音源となります。吸音性からみるとテーブルクロスをかけるのがいちばんですが、店舗のコンセプトからテーブルクロスがそぐわない場合は、食器マットや大振りの葉を敷くというのでもよいでしょう。

ワインなどを冷やすクーラーボトルのなかに入っている氷もかなりの騒音源となります。アイスパックに代替すると吸音効果があり、さらに製氷機を使わなくて良くなるので、その点でも音を減らすことにつながります。

ここに示した音の一つ一つは、単体ではさほど気にならないかもしれません。しかし、これらの音が積み重なることで店内のBGNレベルは増加していきます。単体では気にならない音が、不要で煩わしいBGNレベルに膨らんでいかないように、**単体音からカットしていく**という視点も大切なことといえます。

電気機器を隔離する

製氷機やビールサーバー、エスプレッソマシーンやブレンダーなどの電気機器を、**メインとなるダイニングエリアから離して配置**することで、BGNレベルを低下させることができます。

また、電気機器の下に吸音材を敷いたり、側面に吸音パネルを置くことも効果的です。

キッチンまわりに柔らかい素材のものを

野菜を刻む「トントン」というサウンド、フライパンの上で「ジュー」と焼けるサウンド、鍋から「グツグツ」と煮立つサウンド、「カチャカチャ」と食器が並ぶサウンド、これらのサウンドは、食欲を湧かせる「アペタイト・サウンド」になりえます。

しかしながら、レストランの業務用キッチンは、家庭のキッチンとは異なり、調理やそれに伴う動作音、食器類の洗浄音、業務用冷蔵庫のコンプレッサー音など、数々の不快な音も発生させてしまいます。

キッチンとダイニングエリアのあいだには、防音ドアを取り付けるなどして、BGNレベルを下げることが必要です。

キッチンを囲むようにカウンターがレイアウトされているオープンキッチンの店もよく見かけます。ライブ感をもって調理を演出する効果がある一方、キッチンから発生する音の問題があることは否めません。

このようなレイアウトの場合、キッチンとそれを取り囲むカウンターの境目のゾーンに、金属製のフライパンや鍋、エスプレッソマシーンなど、**硬い素材のものや音を発生する機材を配置しない**ことが大切です。

咳避けのプラスチック板（配膳ゾーンに斜めに設置されている透明の板）に布生地などの柔らかい素材をレイアウトすると、本来の目的である衛生面での機能に加え、キッチンからの音の吸音にも役立ちます。

ちなみに、ワインや酒などガラスボトルは、栓がしてある状態では音を反射させてしまいますが、ボトルの口が開いている場合は、むしろ吸音に役立つアイテムとなります。ヨーロッパの古い教会で、ワインボトルが壁面にめぐらされているのも、この理由からです。

オープンプランオフィスの騒音問題

次に、オフィスの音環境を見てみましょう。

オフィスプランの立案においては、効率性、生産性、共同作業、有効なスペース管理を目指してプランニングしていくことになりますが、このとき、音響環境についてまでは考えられていないことがほとんどです。

たとえば、ここ最近流行りのオープンプランオフィス。活気ある洗練されたオープンプランオフィスは、コミュニケーションが取りやすく、仕切りのない空間は心理的にも協働性が高まります。また、採光を確保しやすいレイアウトが可能となるなどのメリットがあります。

しかし一方で、オフィス内のＢＧＮレベルが高くなり、従業員の生産性と身体に悪影響を与えているという側面があります。
オフィスにおけるBGNの騒音源には、次の3カテゴリーがあります。

▼**会話ノイズ**：ミーティングエリア、コーヒーなどのブレイクエリア、電話やオフィス内の他人の話し声。仕事中に耳に入る会話は、非常に気になるものです。

▼**機械ノイズ**：プリンター、コピー機、パソコンの「カチャカチャ」というキーボード操作音、パソコンのスクリーン（何台も並ぶパソコンのスクリーンは、音の反射機といっても過言ではありません）、空調・冷暖房など。

▼**外部ノイズ**：室外機からの低周波騒音、交通音、近隣の工事、他社のオフィス、施設の発生音など。

滑らかで開放的なオープンプランオフィスは音を反射しやすくし、耳障りなエコーなど、環境騒音が発生しやすいのです。

騒がしい職場は健康を害し、生産性を下げる

スチールケースとイプソスによる調査では、オフィスのBGNが原因で、**1日あたり86分を無駄にしている**と報告されています〈20〉。さらに、WHO（世界保健機関）の発表では、職場での騒音、BGNが原因とされる身体不調（うつ病など）による休職（労働日数の減少）、それに伴う医療費、生産性の低下は、イギリスで**年間300億ポンド（約4兆円！）の損失**に相当すると推定されています。

オフィスの音の問題は、経済活動の面から見ても、早急に取り組むべき課題なのです。

オープンプランオフィスは、従業員が共同で作業し、アイデアを共有し、コミュニケーションを取ることに最適な設計になっているとされています。しかし、そのレイ

アウト（設計）そのものが生産性、そして健康を損ねる可能性をもっていたのです。

たとえば、次のような研究結果があります。

▼仕切りのないオフィスでは、あらゆる音がよく聞こえます。同僚の動作音、会話、電子機器音などが否応なしに聞こえてくる環境では、従業員の**生産性が損なわれます**〈21〉。

▼タスクに集中しているときに雑音やBGNが聞こえると、**注意力が乱れてしまいます**。そのような環境では注意力を元に戻すことも難しくなりますし〈22〉、読み書きのスピードと正確性も低下します〈23〉。

▼オープンプランオフィスのBGN環境下で3時間仕事をすると、エピネフリン（ストレス反応ホルモン）の値が上昇すること、前かがみになって座りやすくなり、腰痛や椎間板ヘルニアなどの**筋骨格系疾患のリスクが高くなる**ことが示されています〈24〉。

▼BGNレベルが高い環境下での作業が断続的である場合でも、ストレスホルモンであるコルチゾールの濃度が上昇するなどの**ストレス反応**がみられ、女性の場合は月経困難症のリスクにつながる可能性があります〈25〉。

▼仕切りのない開放的な空間では、自他の話し声や作業音が聞き取りやすくなってしまうという、サウンドプライバシーの問題が発生します。シドニー大学の調査では、従業員の最大の不満は、**サウンドプライバシーの欠如**でした〈26〉。

オフィスのBGNレベルを減らす7つの方法

わたしたちの多くが、一日の大半をオフィスで過ごします。そのため、オフィスの音響環境はとりわけ重要なものとなります。オフィスのレイアウトをデザインしていくときは、どのようにすればよいのでしょうか？

1 フローリングの素材は柔らかいものを採用

木材、タイルなど硬い素材のフローリング表面は、オフィスを行き交う従業員らの交通音を作り出します。**柔らかい素材や吸音・防音加工が十分にされた床材を選択**することで、BGNレベルを下げることができます。

フローリングにすでに硬い素材が採用されている場合は、吸音・防音加工されたタイルカーペットを現在のフローリングの上に敷くといいでしょう。

2 電子機器を隔離する

プリンターやコピー機は、ワークステーションの近くにあると便利ですが、それらの動作音はBGNを生成します。プリンターやコピー機のメーカーは、静音モードを開発するなどしており、印刷する際の振動音は以前よりも軽減されてきていますが、まだまだBGNの一因となっています。

これらの電子機器は、**従業員のワークステーションとは仕切られた場所に設置**するほうが懸命です。

3 サイレントスペースを提供する

根本的な解決策ではありませんが、タスクのレベルが高く、集中が必要な場合に使えるサイレントスペースを用意しておくことで、**BGNから離れて集中できる作業環境を作り出す**ことができ、生産性を高めます。

防音機能が備わった電話ボックスのようなオフィスキューブを設置するなど、導入を検討するのも一つの案です。

4 防音性の高いラウドスペースを用意する

サイレントスペースとは対照的に、チームミーティングやトレーニングセッション、熱心な話し合いなどを行うためのラウドスペースを用意することで、**周囲を気にすることなく活発な議論を行う**ことができます。

このようなラウドスペースにも、防音性が求められます。既存のミーティングルームをラウドスペースにする場合は、室内の床には遮音材・防音カーペット、壁面には吸音材・遮音材の防音パネルなどを設置するようにしましょう。

5 吸音パネルを設置する

音響壁パネルや音響天井パネルと呼ばれる、**音を吸収するように特別に設計された吸音パネルを設置**することは、費用対効果の高い対策といえます。これらは、オフィスのデザインを彩るものとしてもさまざまに応用可能です。

これらの導入が難しい場合は、壁面に柔らかい材質で作られたタペストリーなどを吊るすことで、BGNを軽減できます。

6 植物を設置する

飲食店のBGNレベルのコントロールと同様、**植物の設置**も吸音に効果的です。

また、オフィス内の酸素レベルの改善や湿度調整など、空気清浄の役割も担います。

植物はこれらの効果以外にも、オフィスのデザインを豊かにし、リラックス効果をもたらし、ストレス緩和にも役立ちます。

7 BGNサウンドをマスキングする

一見、理に反しているように感じることですが、オフィス内に存在するBGNに**他のサウンドを追加することで、もともと存在していたBGNが背面に隠れ、実際には静かに感じられるようになることがあります。**

たとえば、「ジャングル」のように、「こんにちは」という文字を「ジャングル」という文字でマスキングすると、「ジャングル」が前面にはっきりと見え、「こんにちは」が見えにくくなります。これと同じように、BGNに他のサウンドをマスキングして、もともとあるBGNを聞こえにくくするというのがこの方法です。

マスキングをするサウンドの候補としては、ホワイトノイズがよく挙がります。しかし、ホワイトノイズの周波数をオフィスにいる人の声をマスキングするのに効果的な音量にまで増幅した場合、かえって耳障りになり第2のBGNになりかねません。

ピンクノイズに自然サウンドを効果的に組み合わせたサウンドエフェクトであれば、オフィスのBGNをマスキングするだけではなく、暖かな陽の光、少し離れた川のせせらぎ、ゆらゆらと揺らぐ緑、遠くで鳥がさえずるサウンドなどを取り入れることが可能で、心地の良い環境をデザインできます。

さらに、時間帯によってサウンドに変化をつけると、より良い環境となるでしょう。終業時間の30分、15分前には、異なるタイプの鳥の声を入れる、週末前の終業時間には他の動物の声や楽器のみのメロディサウンドを入れるなどすると、タイムマネジメントにも役立ちます。

BGNのマスキングに、バッハやモーツァルトなどのクラシック音楽やスムーズジャズ、静かな洋楽などはどうかという質問をよく受けますが、これらは既存のBGNにさらに「付け加えられる」サウンドとなり、適しているとはいえません。

オフィスのBGNレベルを減らすには、初めから音響・環境・心理効果を考慮したオフィスデザインをするに越したことはありません。しかし、すでにできあがっているオフィスであっても、前述の7つの方法を取り入れて環境を整えることが可能です。

従業員の生産性や、メンタルヘルスを含めた健康の維持、定着率向上のため、オフィスの音環境を見直すことは、さまざまな福利厚生と比較しても、**費用対効果が十分に見込める**ものとなっています。

持続的な成長戦略としての騒音対策

日本では特に、騒音の問題は、これまであまり注目されてこなかったように思います。それゆえに、改善を図るのがなかなか難しい課題となっています。

そこで考えられるのが、**騒音対策をビジネス戦略として位置付ける**ことです。そして、そのカギは、ＳＤＧｓにあると考えています。

最近耳にすることの増えてきたＳＤＧｓ（持続可能な開発目標）というのは、２０１５年の国連サミットにおいて、「持続可能な世界を実現するための17のゴール・１６９のターゲットから構成される国際社会共通の目標」のこと。

成長分野が限られてきている昨今のビジネス環境において、経済効果が望めるＳＤＧｓの分野に取り組むことは、企業が本来の事業活動や経済活動を通じて、企業価値やブランド価値を高めていくという**CSV（クリエイティング・シェアード・バリュー）的発想を実践する機会**ともいえます。

従来の、企業利益を地域社会に還元するＣＳＲ（コーポレート・ソーシャル・レスポンシビリティー、企業の社会的責任）からＣＳＶへと発想を転換していくことは、企業の長期的な生き残り戦略上も極めて重要なことになってくるはずです。

オフィスにおけるＢＧＮや低周波騒音の問題は、年々増加しているうつ病などのメンタルヘルス対策としても重要な取り組みの一つです。また、オフィスに限らず、雇用者が健全なる音の環境下で働く環境づくりは、生産性の向上はもとより、離職率を下げるなど、大きな経済的効果が見込まれます。

音響環境の問題は、今後さまざまな企業が「耳を傾けて」取り組むべき課題です。無駄な音を削減することによって、健全で豊かな暮らしをサスティナブルに取り組むことが今必要とされています。

日本は音環境後進国

残念なことに、日本の音環境はとてもひどい状態にあるといわざるをえません。その証拠に、2018年に、WHOが「環境騒音ガイドライン」〈27〉を発表しましたが、その内容と、日本の環境基準〈28〉には、大きな乖離がありました。

たとえば、交通道路のガイドライン数値を見てみると、WHOの勧告が53デシベルに対し、日本の環境基準は70デシベル（昼間の幹線道路）となっています。

騒音問題は、これまで主に工場や機械製造、運輸車両などと関連する企業が取り組む課題だと認識されてきましたが、実際は、**わたしたちの暮らしのあらゆる部分に関わる**ものです。

今後、音の問題に対して、さまざまな企業が耳を傾けるようになることが期待されます。

電車の騒音問題

日本の都市部には、通勤通学に長時間電車に乗っているという方がたくさんいます。小学校1年生が、毎日3時間程度電車に乗っていることもあるほどです。

地下鉄や電車の車内BGNレベルは約80デシベル。急行や特急の通過時は、100デシベルを超えますし、利用者の多い通勤通学時間帯は、110～120デシベルにもなります。

85デシベル以上は、騒音性難聴の危険信号の境界線ともいわれます。また、米国環境保護庁（EPA）〈29〉によると、114デシベルで4秒以上、117デシベルで2秒以上、120デシベルで1秒以上さらされることでも難聴リスクがもたらされるといいます。

このような大騒音に慢性的にさらされると、**頭痛や不眠、自律神経の乱れや抑うつ、注意力の低下や倦怠感、認知障害など、さまざまな健康リスクが高まります。**

しかしながら、通勤通学の移動手段となっている以上、電車の利用を回避することはできません。ヘッドホンやノイズキャンセルイヤホン、耳栓などによって遮音し、自衛するしかありません。

ニューヨークの最新の地下鉄（MTA）は、積極的な交通騒音低減の取り組みを実施し〈30〉、BGNレベルをかなり改善しました。

日本の公共交通機関でも、BGNレベル低減の取り組みが期待されるところです。

低周波音という問題

わたしたちの聴覚は、低周波音（低い音）に対して鈍感なところがあり、BGNレベルが高くない場合には、そこに騒音があると気づかないこともあります。最近なんとなく調子が悪い。そのようなことの原因かもしれないのが、この低周波音です。

低周波音に長時間曝露された場合、頭痛・不眠・集中力の減退・肩こり・倦怠感・動悸・めまい・血圧の上昇・消化器系疾患・アレルギー・不妊・婦人科系疾患・聴覚障害などのリスクが高まる可能性があります。

また、精神疲労のレベルが増加し、健康が脅かされ、ヒューマンエラーが増加することが示されています〈31〉〈32〉。

低周波騒音は、工場の燃焼装置や道路高架橋、電力風車などから生み出されるばかりではなく、わたしたちの生活のすぐ近くにもあります。

長い時間を過ごすオフィス、学校、病院、施設、家の多くには空調・冷暖房機器が整備されており、そこには室外機が伴います。

BGNレベルが高い場合には、はっきりと「ブーーン」といった低い響くような音を感じることができますが、40デシベル程度のBGNレベルの場合は、**はっきりとはその音を感じ取れない**こともあります。

実際、私も冷暖房機器を買い替えた後、何となく頭痛や倦怠感、息苦しさや不眠などの症状を感じるようになりました。

はじめは疲れか、あるいは季節の変わり目だからかとあまり気にしていませんでしたが、暖房を入れている日に限りその症状がよく見られました。

ひょっとして、と思った私は、低周波音レベル計で計測してみました。すると案の定、部屋の隣に設置された室外機から低周波音が測定されました。

室外機内部のコンプレッサーの取り替え工事を実施したところ、それまでの症状から回復しました。やはり低周波音が原因だったようです。このことは身をもって、あらためて低周波騒音の身体への影響を感じた体験となりました。

低周波騒音はサウンドマスキングによる緩和効果が低く、現在のところ、次のような対策が考えられます。

▼室外機の下に吸音・防音パネルを敷く
▼室外機の向きを変える
▼室外機の周辺に植物を配置する
▼室外機の近くに長時間いない

ふだんわたしたちは、BGNレベルばかりに注意を向け、低周波騒音を見落としがちです。周波数を手軽に計測できるアプリケーションも出てきているので、これを機会に耳と注意を傾けてみるとよいでしょう。

静かすぎるのも考えもの

ＢＧＮが好ましくないのであれば、その反対、静かな空間が好ましいということなのでしょうか？　そう単純には話が進まないのが、音の問題の悩ましいところです。

たとえば、静かすぎる店内では、隣のテーブルの会話がよく聞こえます。それは同時に、自身の声も隣によく聞こえるということを意味します。静かすぎる空間というのは、**プライバシーが損なわれた空間**なのです。

そのような空間で食事をしていると、咀嚼や嚥下の音が際立ちます。

数年前に、私が知人とたまたま立ち寄った都内の小さな珈琲店は、バック・グラウンド・ミュージックも、先客らの話し声もない驚くほど静かな店内で、店主がコーヒーを淹れる動作音だけが店内にささやかに響いていました。

一緒にいた知人と会話をするのも憚られるほどの静けさのなか、ていねいに淹れられたコーヒーの香りに五感が響くものの、コーヒーをすする音、飲み込む音、コーヒーカップがソーサーに「カツン」と当たる音、これらすべての動作音が店内に響き渡り、なんとも言えぬ緊張感のなか、コーヒーを味わい楽しむことなく、ただただ居心地が悪かった記憶が残っています。

パーソナルスペース（人間が他人とのあいだに必要とする空間、距離）と同じように、自分と他人とのあいだには、**「音のパーソナルスペース」**が存在します。

自宅という空間においては、家族が食べる音はあまり気にならず、自分自身も特に気にすることなく咀嚼・嚥下しています。一方、ソーシャルな空間においては、他人の発する音が聞こえてくること、自分自身の発する音が他人に聞こえることに対して、心地悪さを覚えます。

騒音の反対は静寂ではありません。大切なことは、その場にあったサウンドデザインができているかどうかです。

静けさをデザインするときは、その場で求められる「静けさ」を作り出す必要があります。静けさの空間づくりがあってはじめて、「静かな」空間を楽しむことができます。

前述の珈琲店に、「静かな」空間づくりがされていたならば、コーヒー豆を挽く音やドリップする音は、そのコーヒーをさらに美味しくし、都会の喧騒から離れ、ほっと一息つける珈琲店として記憶されたことでしょう。

第8章

味覚と食感のサウンドパワー

「音が味覚に影響する」。にわかには信じられないかもしれませんね。しかし、サウンドと味覚のあいだには、とても密接な関係があることが、次々に明らかになってきています。

視覚、触覚、嗅覚、聴覚、味覚の五感は交錯し合い、わたしたちの感覚に影響を与えています。聴覚と味覚など、二つ以上の異なる感覚様式が相互作用して知覚することを、**「クロスモーダル知覚」**といいます。

わたしたちが甘い・塩辛いなど認識するときに使う情報は、口腔内の舌にある「味蕾」からくるものだけではありません。味覚は、食べ物や飲み物の色や形、香り、歯ごたえにも影響されます。そして、環境サウンド（食べる際に聞こえる外部のサウンド）や、咀嚼するときに自らが発する骨伝導音などにも。

近年さまざまな研究者たちが活発に研究を重ねているこの領域から、音と味覚の相互作用を取り出してご紹介します。

機内食は一味違う？

みなさんは、機内食に対してどのようなイメージをもっているでしょうか？　良いイメージをもっている人はあまり多くないかもしれません。しかし、航空会社が提供する食事そのものに問題があるわけではないようです。では、何が問題だったかというと——なんとあの、機内音にあった（！）というのです。

２０１４年の「航空機内のノイズとうま味」と題された研究調査〈33〉で、航空機の機内音が、甘味を感じにくくさせることが見出されました。さらに、２０１５年には、航空機内のノイズ（ホワイトノイズ）が乗客の**甘味の感覚を抑え、うま味の感覚を高める**ことが発見されました〈34〉。

高度1万メートルで飛行するジェット旅客機機内は、およそ81〜88デシベル（平日の都会の大通りの交通音量〜ブルドーザーの音量くらい）にもなります〈35〉。エンジン音など航空機自体から発生する音に加えて、空調管理のファンの音、乗客の話し声や動作音、客室乗務員のアナウンスなどが重なり合い、大音量のホワイトノイズが流れる環境です。

つまり、**機内食がイマイチな理由は、機内に絶えず響く85デシベルほどの「ホワイトノイズ」**にあったのです。

機内ではトマトジュースを

航空機内では、トマトジュースやブラッディマリー（ウォッカをトマトジュースで割り、レモンと塩を加えたカクテル）がよくオーダーされるといいます。なぜだと思いますか？先程の研究結果を踏まえると、その理由が見えてきます。

BGNレベルが高い場合、「うま味」により敏感に反応するようになりますが、トマトジュースにはまさにこのうま味成分がたくさん含まれています。航空機内でトマトジュースやブラッディマリーのオーダーが増えることは、偶然ではなく必然なのかもしれません。

飛行機に乗った際は、上空1万メートル、シートベル着用のサインが消えてホワイトノイズが大音量で響く環境になったころ、トマトジュースかブラッディマリーを飲んでみてはいかがでしょうか？

音を振りかける「ソニック・シーズニング」

高いBGNレベルのもとでうま味への感度が増すのであれば、うま味成分の豊富な、パルメザンチーズ、トマト、きのこ、海藻類などを使ったメニューを用意すればいいのではないか、と考えたくなりますね。

実際、この考えがいくつかの航空会社に広まりつつあります。

たとえば、ブリティッシュ・エアウェイズは、数年前にメニューを改訂し、うま味を含んだ食材でのメニュー構成を増やしました。そして、**味に対する音の効果を調味料に見立て、「ソニック・シーズニング（音の調味料）」**としてその可能性を探求しています。

音と料理を同時に楽しむサウンドペアリング・メニュー

２０１４年に、ブリティッシュ・エアウェイズがフライト中に公開した「サウンド・バイト」では、コースメニューとともに、特別に厳選された13種類のサウンドのプレイリストが提供されました。史上初の、音と料理をペアリングして楽しむ「サウンドペアリング・メニュー」です。

このサウンドペアリングのリストは実にユニークなもので、革新的なチャレンジをしているというメッセージを上手に発信しています。

サウンドペアリング・メニュー

トラックNo.	Artist/Sound	Menu
1	Paolo Nutini, “Scream (Funk My Life Up)”	前菜 スコティッシュサーモン
2	Antony and the Johnsons, “Crazy in Love”	美味しいスターター
3	Louis Armstrong & Duke Ellington “Azalea”	美味しいスターター
4	Johnny Marr, “New Town Velocity”	イングリッシュ・ブレックファスト（早朝便）
5	Lily Allen, “Somewhere Only We Know”	メイン フィッシュ&チップス （ブリティッシュ・クラシック）
6	Coldplay,“A Sky Full of Stars”	メイン　パイ包み焼き （ブリティッシュ・クラシック）
7	Debussy, “Clair de Lune”	メイン　ロースト肉
8	James Blunt, “You're Beautiful”	デザート
9	Madonna, “Ray of Light”	デザート
10	Otis Redding, “The Dock of the Bay”	食後のチョコレート
11	The Pretenders, “Back on the Chain Gang”	赤ワイン
12	Hope/BBC Symphony Orchestra/ Shostakovich, “Romance from the Gadfly Op.97”	白ワイン
13	Placido Domingo, “Nessun Dorma from Turandot”	コーヒー

もちろん、すべてのペアリングがうまくいったとは言い切れないところがありますが、甘みを強める高い音、苦味を引き出す低い音〈36〉をデザートやチョコレートとペアリングしている8番、9番、10番などは、味覚のサウンドパワーが有効に活用されたと考えられます。

サウンドスケープごと味わう

もう一つ、例をご紹介します。

フィンランド航空は、シェフのスティーブン・リュー氏とともに、サウンドで料理をさらに引き立てるメニューの開発を行いました。

野外での小川のせせらぎ、草花のそよ風に揺れるサウンド、木の枝の鳥たちの鳴き声など、フィンランドが育むさまざまな自然のサウンドを録音し、実験心理、食品科学、音楽心理、音楽表現など、各分野の専門家からのデータや分析、アドバイスをもとに、科学的に「サウンドスケープ」の制作に取り組んだのです。

この「サウンドスケープ」の特筆すべき点は、航空機内の環境が味覚に与える影響を考慮するにとどまらず、そこに**フィンランド航空のビジネスアンセムであるノルディックの大自然を取り入れている**ことです。

サウンドと料理のペアリングも、実にバランス良く作られていました。

味のバランスが難しい「チキンスープ」は、甘味を引き出す高い周波数や、流れる小川のせせらぎがペアリングされ、甘味と新鮮さを引き立て、塩味を抑えたスープに仕上げられています。また、「ミートボールの煮込み」は、鳥の鳴き声や打ち付ける滝、流れる水、焚き火の「パチパチッ」というサウンドがペアリングされ、うま味と塩味が絶妙のバランスの、良い一品に仕上げられていました。

航空会社の「サウンドと味覚のフライト」はまだ飛び立ったばかりです。これからの彼らのさらなるチャレンジに、期待と好奇心をもたずにはいられません。

食感のサウンドパワー

しけったおせんべいよりも、「パリッ」としたおせんべいのほうが美味しいと感じますね。そう、わたしたちが料理を食べるときに「美味しさ」を感じるトリガーは、甘味やうま味などの五味だけではありません。

料理を口に頬張ったときの**「食感」もまた、「美味しさ」に大きく影響してきます。**

食感とＢＧＮの関係を調べた研究によると〈37〉、ホワイトノイズのＢＧＮレベルが高いほど、ポテトチップスのパリパリ感が増加して感じられたといいます。

また、ＢＧＮレベルだけではなく、高い周波数のサウンド（２ｋｈｚ～20ｋｈｚ）によってもポテトチップスのパリパリ感が高まることが示されています〈38〉。

ホワイトノイズや高い周波数のサウンドのＢＧＮレベルが高い環境というのは……

そうです。航空機内です。フライト中に私が楽しむ、「パリパリ」食感のポテトチップスの秘密は、ここにあったのです。

ホワイトノイズによる「パリパリ」食感の増加は、ポテトチップスに限りません。レタスやきゅうり、パイ、ナッツなど、「パリッ」「サクッ」「カリッ」とした食べ物もまた、いつも以上の食感を楽しむことができます。

航空会社の取り組みは、現在のところ「味覚」に焦点をあてたものがほとんどですが、今後は、「食感」も含めた取り組みが期待されます。

ソニック・シーズニングの可能性

サウンドによる味覚や食感への影響は、上空1万メートルのフライト中だけ存在するものではありません。**地上では、大音量のホワイトノイズ以外のさまざまなサウンドとのペアリングが可能です。**どのような体験が可能になるのか、ワクワクしてきますね。まだまだ研究途上の領域ですが、いくつか事例をご紹介します。

ダージリンティー

ダージリンティーを1杯、2種類の異なるサウンドとともに味わってみます。一つは、①お腹にずーんと響く中音量の低周波サウンド（C1：32・703hzとF1：43・7hzを同時に再生）、もう一つは、②明るい中音量の高周波サウンド（C6：1046・5hzとA6：1760hzを同時に再生）です。

①低周波サウンドは、少し苦味のあるダーク・フレーバー、②高周波サウンドは少しまろやかなマイルド・フレーバーに感じさせます。

チョコレートとコーヒー

ダークチョコレートを口に頬張り、①低音（F1：43・7hzとC2：54・4hzを同時に発音）あるいは、②高音（A5：880hzとC6：1046・5hzを同時に発音）を聞きながら食べてみます。

①低音ではより苦い、②高音ではより甘いフレーバーに感じられるはずです。

ビール

ビールを飲みながら特定のサウンドを聞くと、そのビールの味が変化することがわかっています〈39〉。

ビールを飲みながら、たとえばフルートのような高いピッチのサウンドを聞くと、**甘味をより強く感じます。**一方、お腹に響くような重く低いピッチのサウンドを聞くと、**苦味とアルコール度が強く感じられます。**

味を楽しみたい、気分を変えたい、料理とのペアリングを楽しみたいなど、目的に沿って、ビールの味に音の調味料を加えることができます。

ワイン

ワイン醸造家とのコラボレーションで実施された研究〈40〉から、サウンドはワインにも影響があることが発表されています。

たとえば、パワフルで力強いサウンドを聞きながらカベルネ・ソーヴィニヨン（赤ワイン）を飲んだときは、味のコク・深みが60％アップしたように感じられ、流れるような柔らかなサウンドを聞きながらシャルドネ（白ワイン）を飲んだときは、さらりとさわやかな風味が40％アップしたように感じられた、という研究結果があります。

ワインは、料理とのペアリングはもちろん、**サウンドとのペアリングも楽しめる**のです！

私のチームは、このことを戦略的に活用してコンサルティングを行ったことがあります。それは、ワインの種類ごとに、それぞれの特性がよりよく表現されるサウンドとペアリングしてプレゼンテーションを行うというものでした。

サウンドとワインのペアリングによって、グラスに注がれたワインの色や透明感

（視覚）、香り（嗅覚）、口のなかで広がるフレーバー（味覚）、グラスをもつ感触（触覚）と、わたしたち人間のもつ五感すべてが刺激されます。

五感が一体となって得られる感覚は、そこに参加した人々の記憶に残る経験となり、その後レストランやリカーショップなどとの販売契約の増加につながりました。

ソニック・シーズニングに挑戦

これらソニック・シーズニングは、楽器アプリケーションを使って気軽に試してみることができます。チョコレートのフレーバーリサーチのレシピをご紹介します。

❶市販のダークチョコレートを1口サイズに割り、頬張る。
❷197ページで示した①の低音サウンドを聴きながらチョコレートを食べる。
❸チョコレートのフレーバーをメモする。苦い？　それとも甘い？
❹水を飲んで舌をリセット。ホワイトノイズを10秒間聴いて、耳もリセットするとさらに効果的です。

❺再び1口サイズのチョコレートを頬張る。
❻197ページで示した②の高音サウンドを聴きながらチョコレートを食べる。
❼チョコレートのフレーバーをメモする。苦い？　それとも甘い？
❽①②それぞれのメモを比較する。

ここではチョコレートのレシピを挙げましたが、コーヒーや緑茶、ダージリンティー、カモミールティー、おもしろいところではソテーしたアワビの肝などでも、この効果が表れてきます。

フレーバーリサーチのベーシックな方法は、右記❶～❽の手順にしたがって行われます。ぜひいろいろな食材でトライしてみてください。

ほかほか・あつあつ

サウンドによって、ほかほかの料理や、あつあつの飲み物をより熱く感じさせることも可能です。

わたしたちの耳は、マグカップに冷たいものが注がれたときと、温かいものが注がれたときに発生するサウンドのわずかな違いを感じ取ることができます。温度によって液体の粘度がわずかに変化するため、温かいものが注がれたときのほうが、音が少し高くなります。

この、**ちょっとした音の高さの違いを、熱さというシーズニングとして振りかける**ことができるのです。

食のレボリューションへ

さまざまな可能性を感じさせてくれるサウンドと味の相乗効果。今後、どのような方向へと向かっていくのでしょうか？

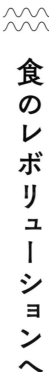

ソニック・シーズニングを使った新たな食の取り組みは、アメリカやヨーロッパなどの各地のスターシェフとともに始められています。

コースメニューの味を、顧客が「甘め、塩っぱめ」「マイルド、ビター」など選択して、そのオーダーに合ったソニック・シーズニングで**最後の味付け**をするメニューなどが考案されています。

ソニック・シーズニングの発見は、食のレボリューションになる可能性が予見されています。

ピッチの高いフルートのようなサウンドは、甘い食べ物や酸っぱい食べ物の風味を強め、チューバのような低いサウンドは苦味を引き立てます。

自身の咀嚼から発する食品のサウンドは、パリパリ感やカリカリ感を強め、グラスに注がれた炭酸飲料のスパークリングサウンドは、シュワシュワ感をより際立たせます。サウンドは、わたしたちの味覚に影響している、いえ、むしろ大きな役割を果たしているといったほうがいいでしょう。

アメリカやイギリス、ドイツなどの企業、レストラン、食品開発、商品開発、さらには医療機関や行政機関などさまざまな業種が、この分野に積極的に取り組み始めています。

これは、ソニック・シーズニングが単に経済効果をもたらすだけでなく、**わたしたちの健康を保ち、改善するための有益なスパイスとなる可能性**すら秘めているためです。

たとえば、食後のエスプレッソに入れる砂糖の代わりとなるサウンドなど、糖質や塩分摂取量の改善、肥満予防、災害時の食環境の改善などが期待されます。

第9章

子育てと教育のサウンドパワー

「音楽を聞くと、頭が良くなるんですよね」
「音楽は情操教育にいいと聞きましたが、本当ですか？」

サウンドの研究をしていると、子育てや教育への効果を聞かれることがよくあります。たしかに、音楽には、子供たちの成長にポジティブな効果がありそうな気がしますね。

音楽の効果について、世の中でいわれていることのすべてが正しい、あるいは科学的な裏付けが取れているというわけではありませんが、その直感は、あながち間違いではありません。

子供たちが音楽を聴き、楽器演奏を学ぶことには、多くのプラスの効果があることが示されてきています。けれども、「音楽」だけではありません。音楽以外のサウンドの効果も知っておく必要があります。

本章では、サウンドパワーのさらなる可能性として、子育てと教育への効果を見ていきます。

発達段階別の子供たちと音楽との関わり

まず、一般的になじみのある「音楽」から見ていきましょう。

音楽は、子供の発達段階に応じてさまざまに影響を与えていきます。それは、子供の知的・社会的・感情的・運動的・言語的、そして総合的な識字能力を含む発達に貢献します。

子供たちと保護者が音楽を一緒に楽しむことも重要で、子供と保護者の信頼関係にも影響を与えることが研究によって示されています〈41〉。音楽に関わることによって、肯定的な感情や喜びが同期（同調）され、音楽経験という枠組みを超えた影響を与えていきます。

子供たちの発達段階に応じた音楽との関わりを見ていきましょう。

赤ちゃんは音刺激に敏感

生後6か月までの乳児は、**大人よりも敏感な外耳道**をもっており、音楽（サウンド）に対してよく反応します。そして、見るもの聞くもののすべてが新しいものばかりな乳児は、音刺激にさまざまな影響を受けます。

乳児とBGM

乳児は、歌詞ではなく、**メロディをまず認識**します。

静かなBGMは乳児を落ち着かせ、騒がしいBGMは興奮させます。

シンプルで短い歌を、お風呂やおむつ替え、ミルクのときに歌ってあげると、その音楽と行動を関連付けて理解するようになります。

たとえば、お風呂のときに「お〜ふろ、お〜ふろ（ドー（C4）ド（C4）ファ（F4）、ドードファ）」のようなメロディをゆったりとしたリズムで歌うと、子供はそのメロディを認識するようになります。

「アーアー」「ダーダー」など、喃語を発しているころですが、この時期の音楽経験は音声学習に大きな影響をもたらします。特に、生後9か月は音声学習のピーク期間とされ、周囲から聞こえるさまざまな**スピーチ音の違いに注意を向けています**〈42〉。

これらの音の違いを区別する能力は、後に言葉を話す（聞く・発音する）鍵となり、生後30か月時点での語彙数と関連がみられます。

また、この能力は、日本語以外の言語のヒアリング、RとLの発音などにも影響してきます。**生後9か月という早い時期での音楽体験が、音楽と言語両方の処理能力を向上させる**のです〈43〉。

幼児とリズム、歌詞

幼児は、音楽に合わせて手をたたく、ジャンプする、歩く、走る、身体をくねらせるなどを好みます。音楽のリズムを再現したり、リズムに合わせて動くことで、自身の動き以外に対して集中することや、同調することを学びます。

また、聞き慣れた歌の一部を変更して替え歌ごっこをしながら語彙を増やすなどの遊びもできます。たとえば、メリーさんのひつじ、メリーさんのアヒル、メリーさんのトマトといった具合です。

保護者が子供たちと一緒に歌うことは、子供とのあいだの絆を深めることにもなります。

左右に身体を揺らす、歩く、走る、スキップする、ジャンプするなど、**さまざまな運動を促す音楽は、身体バランスを整え、敏捷性を磨き、筋肉・骨の強度を高めるのに役立ちます。**

未就学児と歌うこと

音の調子にかかわらず歌うことを楽しみます。歌詞やメロディを繰り返し、自分自身のリズムで歌う傾向が見られます。幼稚園などで習った童謡や、アニメソングなどを使って歌遊びをすることもあります。

子供と話すとき、ミュージカルのように歌いながら話しかけてみたり、歯磨きや片付けなどにメロディをつけて一緒に歌ってみてください。子供は、保護者の歌を真似たり、自分自身で作り歌をするなどして呼応するでしょう。

YouTubeなどを一緒に見ながら、日常生活の簡単な英語を楽しみながら歌ってみることは、**日本語以外の言語のヒアリングや発音などに役立ちます。**

小学生と楽器演奏

学齢期の子供たちは、音楽の好き嫌いを表現し始めます。ピアノやバイオリンなどの**楽器演奏や歌を歌うことに興味をもつのもこのころ**です。

音楽を演奏することにはさまざまなプラスの効果があるため、この時期にたくさんの良い音楽を聴いたり、コンサートを観に行く機会をつくることをおすすめします。

YouTube上には、聞きやすく親しみやすいクラシック音楽のビデオもあります。

中学生以上と世界観

この年代になると、**音楽を通じて友情を育み、保護者や大人たちとは異なる自分たちの世界観を築いていきます。**自分自身の演奏力を高め、他人と比較し、自己表現や自身のアイデンティティを意識するようにもなってきます。

子供たちとサウンド

では次に、「サウンド」と子供たちの関わりについて見ていきましょう。

赤ちゃんとホワイトノイズ

先にお話ししたホワイトノイズ。すべての周波数のサウンドを組み合わせて生成されるノイズでしたね。このホワイトノイズには、次のようなプラスの効果を期待できます。

▼**ストレス軽減**：乳児を取り巻く周囲のさまざまなサウンドをマスキングすることによって、安全な空間感覚を与えます。

▼**睡眠導入の手助け**：乳児がより早く眠りにつく補助的効果があります。

▼**落ち着かせる**：ホワイトノイズは母親の子宮のなかで聞こえていたサウンドと似ているため、泣いている赤ちゃんを落ち着かせる効果があります。

▼**保護者の睡眠改善**：数時間ごとに目覚める乳児を育てる保護者にとって、自身が夜間何度も起きてはまた眠りにつくというのは悩みの種です。ホワイトノイズは、乳児の睡眠導入の手助けだけではなく、保護者を眠りにつきやすくする効果があります。

ホワイトノイズは、スマートフォンのアプリケーションで再生することができます。また、最近だと、ぬいぐるみなどの乳児用玩具のなかにもホワイトノイズを再生するデバイスが備わっていることがあります。

ただし、これらを使う場合は、乳児と再生機器のあいだを、少なくとも90センチは離し、音量レベルは50デシベルを超えないようにしましょう。

「赤ちゃんがよく眠る」と謳うホワイトノイズ再生機器の多くは、50デシベル以上の音量レベルで、ものによっては85デシベルにも達します。「第7章 健康と生産性のサウンドパワー」でも触れましたが、85デシベルは大人でも聴覚に支障をきたす可能性があります。デシベルを計測できるアプリケーションを用いるなどして、音量レベルを確認することが大切です。

ただし、こうしたデバイスに依存することは好ましくありません。常時使用するのではなく、補助的な使用にとどめましょう。

また、ホワイトノイズよりも低音領域が強調されているピンクノイズは、穏やかなサウンドを作り出します。これは、**乳児だけでなく小児の健全な睡眠にも役立ちます。**

単体で用いるよりも、海の波や川のせせらぎ、鳥のさえずりなどのサウンドと組み合わせて使用するのが効果的です。

再生にあたっては、ホワイトノイズと同様、音量レベルや音響機器との距離などに十分注意が必要です。

ピンクノイズで集中力アップ

「バッハやモーツァルトを聞くと頭が良くなるんですよね？」

このようなことを聞かれることがあります。残念ながら、そのようなことをはっきりと示すエビデンスはありませんし、周囲の余計なサウンドをかき消すためにかける音楽としても適切なものとはいえません。

これらは、すでにあるノイズにさらに「加わる」サウンドとなり、気を散らせ、集中力を低下させてしまいます。

周囲の音をうまくマスキングし、集中力や創造性を高めるサウンドとしては、ピン

クノイズが適しています。

ピンクノイズは子供たちに限らず、**大人の集中力アップ**にも有効です。

本書を執筆している現在、私も周囲の不要なサウンドをマスキングし、集中力と創造性を高めるため、ピンクノイズをベースに穏やかなビーチの波、遠方に小鳥のさえずり、時折鳥の鳴き声をデザインしたサウンドエフェクトを使用しています。

音楽教育のパワー

最後に、サウンドや音楽から少し離れ、音楽教育から期待される効果を見ていきます。

発達段階による差はありますが、総じて、音楽を学ぶことの効果には、目を見張るものがあります。

楽器演奏は脳の発達を加速させ、社会性を育てる

楽器演奏を学んだ子供は、音声処理、言語発達、言語知覚、読解力を担う**脳の領域の発達が加速される**ことが研究によって示されています〈44〉。

アメリカ国立衛生研究所とケネディセンターの「音楽と脳に関するワークショップ」では、子供は幼児期から音楽に反応し、その経験が言語発達に大きく貢献することが強調されました。また、音楽は言語発達を促進するだけではなく、注意力、空間認知、実行機能など他の認知機能の発達にもプラスの効果があることも触れられました〈45〉。

さまざまな学問を学ぶ子供たちにとって、音楽は、知覚・言語・識字能力、数値、知的開発、注意力・集中力、身体の発達と健康にプラスの効果を与えるのです。

楽器を演奏することは、子供たちに**達成感を与え、自尊心を高める**ことにもつながります。困難なことに直面したときのフラストレーションの克服や粘り強さ、自己規律なども身に付きます。

8歳〜17歳までの子供180人が、3年間にわたって楽器演奏を学ぶプログラムを受講した結果、子供たちの①Character（性格）②Competence（能力）③Caring（思いやり）④Confidence（自信）⑤Connection（つながり）という、社会性の発達に求められる「5C」すべてが増加したという研究結果も得られています〈46〉。

論理的思考力や記憶力も向上する

音楽を演奏することは、感性だけではなく、**論理的能力**も多く必要とされます。事実、ジュリアードを修了後、医学部や法学部、MBA、化学、宇宙物理学などの音楽以外の道に進む学生も多く、またハーバードを修了後にジュリアードに来る学生もおり、このことは音楽と論理的認知の相関を位置づけるものといえるでしょう。

音楽的トレーニングの有無によって、**長期記憶**に有意差があることも研究で示されています〈47〉。楽器を演奏するためには、多種多様な情報を咀嚼しながら身体を動かしていく必要があります。これにより、高い注意力を身に付けることができ、文章の読み飛ばしや注意力散漫が著しく改善されるといった効果があります〈48〉。

音楽は複合的な認知活動

音楽教育には、なぜこれほどまでの効果があるのでしょうか?

それは、楽器の演奏などの音楽活動が、実に**さまざまな認知的タスクを同時に、複合的に含んでいるため**だと考えられます。

実際、わたしたちのラボでは、音程と言語を複合的に結びつけたトレーニングを開発し、その効果を確認しています。

トレーニングではまず、絵(次ページの図参照)を見せてそれが何であるかを子供に聞きます。

音程と言語を総合的に結びつけたトレーニング

E G G

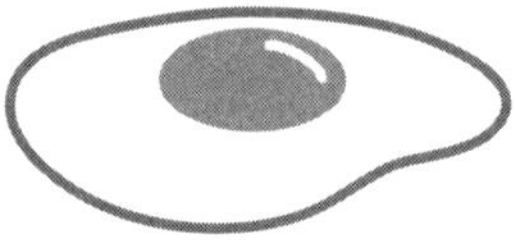

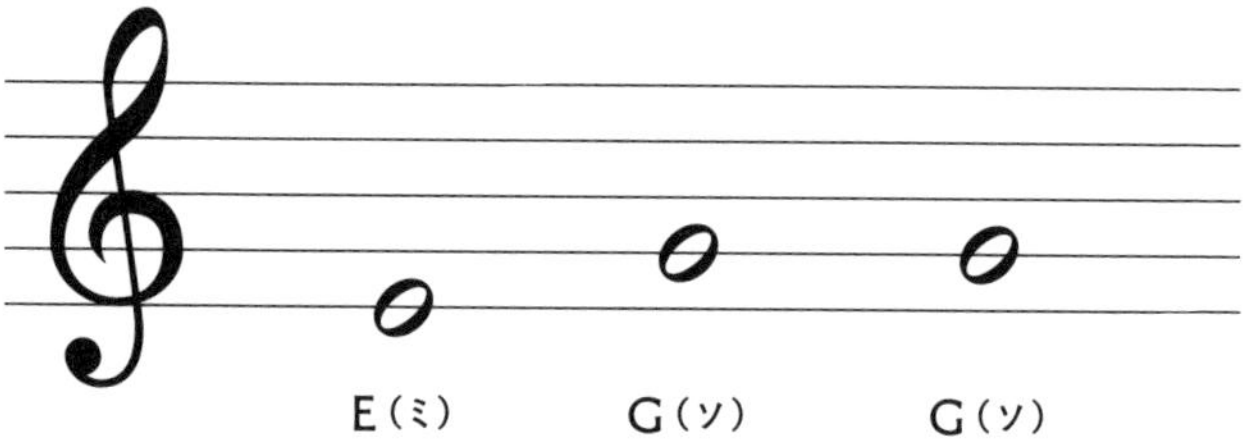

次に五線譜を示します。ここには、先程示した絵に対応する音符が示されています。どういうことかというと、英米では、音符は「C（ド）D（レ）E（ミ）F（ファ）G（ソ）A（ラ）B（シ）」で表されるため、この7文字の組み合わせからなる単語であれば、音程で表現できるのです。「たまご」であれば「EGG（＝ミソソ）」です。

これによって、子供たちは、音程とアルファベットを結びつけて学び、さらには単語のスペルを覚え、メロディのなかにあるEGG

の音を聞き分けることができるようになります。

つまり、音程と音符の名前、スペルとメロディ、これらが一体となって記憶されるのです。

このメソッドで学習した子供たちは、語学学習においてリスニング力が向上し、スムーズなスピーキングができるようになります。

7文字の組み合わせからなる単語には限りがありますが、子供たちの**言語処理や認知能力の向上**に大きな影響を与えることがおわかりいただけるかと思います。

音楽は数学的

そしてもう一つ、**音楽が数学的**なものであるということも見逃せません。

たとえば、音符を理解するためには、数学的な認知が必要となります。

全音符（whole）の2分の1の音符は2分音符（half）、その半分は4分音符（quarter）です。

子供たちは、楽器の演奏を通して、「quarter（1／4）」と「quarter（1／4）」が合体すると「half（1／2）」になる、「half（1／2）」と「half（1／2）」が合体すると「whole（1）」になることを学ぶことになります。

さらに、1曲演奏するとなると、複数の音符が連なり、それが何小節も続きます。そのため、演奏練習を重ねるたびに数学的認知能力が向上するのです〈49〉。

これ以外にも、音楽には実に多くの数学的要素が備わっています。

このように、音楽を学ぶことは、脳のさまざまな領域を刺激し、子供の発達に無数のプラス効果をもたらします。

音楽は子供たちの脳の発達を促進させることができる普遍的な芸術形式であり、本稿が保護者や音楽及び音楽以外の指導者に役立つならば、大変嬉しく思います。

音符を数学的に認知する

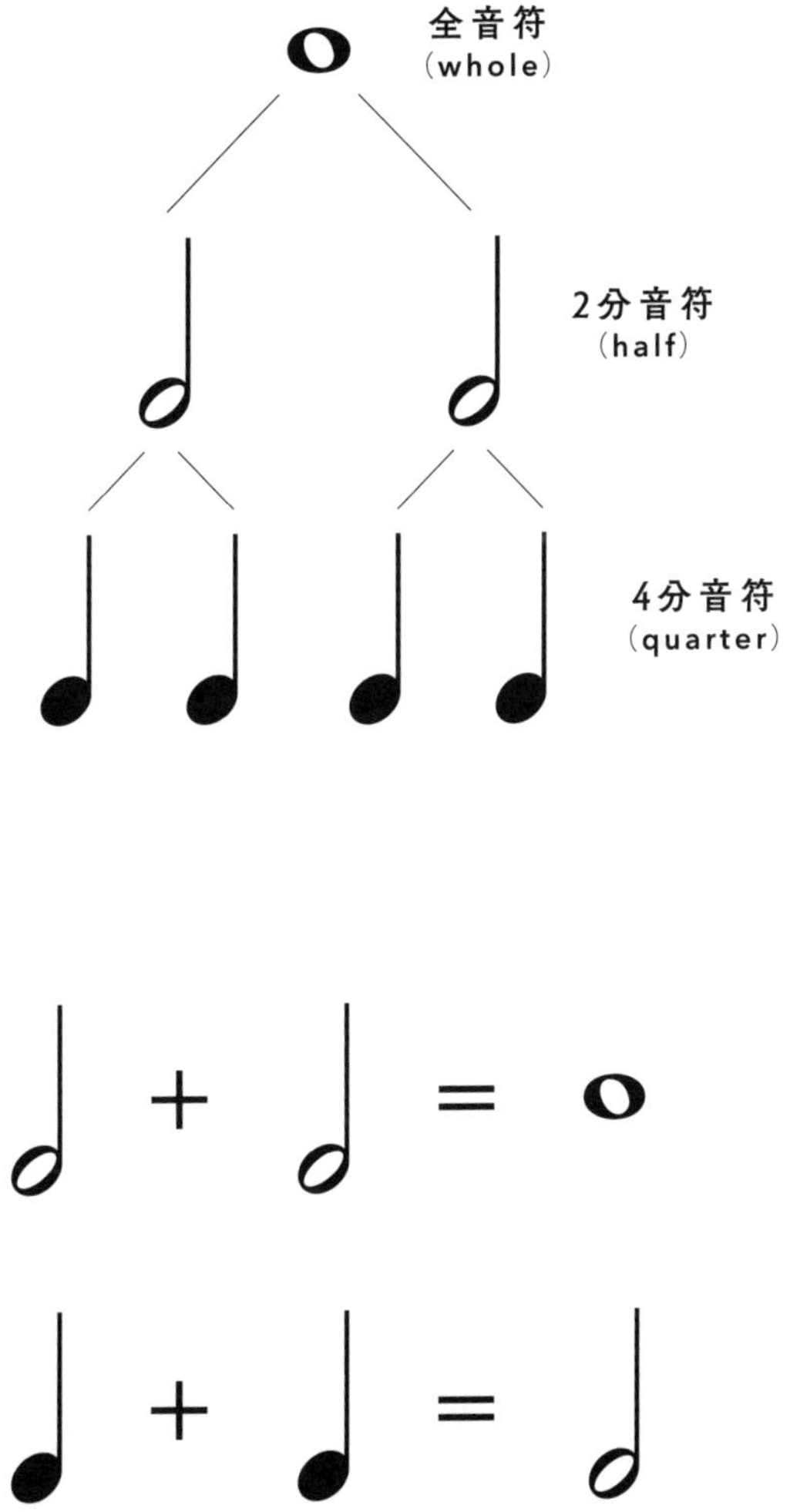

References

⟨1⟩ Kemp, B.J. (1973). Reaction Time of Young and Elderly Subjects in Relation to Perceptual Deprivation and Signal-on Versus Signal-off Condition, Developmental Psychology, Vol. 8, No. 2, pp. 268-272.

⟨2⟩ Milliman, R.E. (1982). Using Background Music to Affect the Behavior of Supermarket Shoppers. Journal of Marketing. 46(3). pp.86-91.

⟨3⟩ COSTA, M., BITTI, P.E.R., and BONFIGLIOLI, L. (2000). Psychological Connotations of Harmonic Musical Intervals, Psychology of Music, © 2000 by the Society for Research in 2000, 28, 4-22 Psychology of Music and Music Education.

⟨4⟩ Zee, C.P., et al., (2017). Acoustic enhancement of sleep slow oscillations and concomitant memory improvement in older adults.

⟨5⟩ Kaymak, E., and Atherton, M., (2007). Dental Drill Noise Reduction Using a Combination of Active Noise Control, Passive Noise Control and Adaptive Filtering.

⟨6⟩ Milliman, E.R., (1986). The Influence of Background Music on the Behavior of Restaurant Patrons. Journal of Consumer Research, Vol.13, No.2.

⟨7⟩ Yalch, R.F. and Spangenberg, E.R. (2000). The Effects of Music in a Retail Setting on Real and Perceived Shopping Times. Journal of Business Research. 49(2). pp.139-147.

⟨8⟩ North, A.C., Hargreaves, D.J. and McKendrick, J. (1999). The effect of in-store music on wine selections. Journal of Applied Psychology. 84(2). pp.271-276.

⟨9⟩ Areni, C.S. and Kim, D. (1993). The influence of background music on shopping behavior: classical versus top-forty music in a wine store. Advances in Consumer Research. 20. pp.336-340.

⟨10⟩ Jacob, C., Guéguen, N., Boulbry, G. and Sami, S. (2009). 'Love is in the air': congruence between background music and goods in a florist. International Review of Retail, Distribution and Consumer Research. 19(1). pp.75-79.

⟨11⟩ Brown, S., and Volgsten, U., (2006). Music and Manipulation: On the social uses and social control of music.

⟨12⟩ Levitin, J.D., (2006). This is your brain music: The science of a human obsession.

⟨13⟩ Minsky, L. and Fahey, C., (2014). What Does Your Brand Sound Like? Harvard Business Review.

⟨14⟩ (2017). How brands make you feel. www.dashboad.askattest.com

⟨15⟩ Perez, S., (2018). Voice shopping estimated to hit $40 + billion across U.S. and U.K. by 2022.

⟨16⟩ Mayew, J.W., et al., (2013). Voice pitch and the labor market success of male chief executive officers. Evolution and Human Behavior 34 (2013) 243-248.

⟨17⟩ Zagat Releases 2018 Dining Trends Survey., (2018). https://zagat.googleblog.com/2018/01/zagat-releases-2018-dining-trends-survey.html

⟨18⟩ Gueguen, N., et al., (2008). Sound level of environmental music and drinking behavior : a field experiment with beer drinkers.

⟨19⟩ WHO. https://www.WHO.int/quantifying_ehimpacts/publications/en/ebd9.pdf

⟨20⟩ Steelcase., (2014). The Privacy Crisis. Taking a toll on Employee Engagement.

⟨21⟩ Haapakangas, A., Haka, M., Keskinen, and E., Hongisto, V., (2008). Effect of Speech Intelligibility on task performance an experimental laboratory study.

⟨22⟩ Ophir, E., Nass, C., and Wagner, D.A., (2009). Cognitive control in media multitaskers.

⟨23⟩ Banbury, S., and Berry, D.C., (2011). Disruption of office-related tasks by speech and office noise.

〈24〉 Evans, G.W., et al., (2000). Stress and open-office noise.

〈25〉 Spreng, M., (2000). Possible health effects of noise induced cortisol increase.

〈26〉 Kim, J., (2013). Workspace satisfaction: The privacy-communication trade-off in open-plan offices. Journal of Environmental Psychology. Vol.36, pp18-26.

〈27〉 (2018). WHO Environmental Noise Guidelines for the European Region. http://www.euro.WHO.int/__data/assets/pdf_file/0008/383921/noise-guidelines-eng.pdf

〈28〉 環境省. https://www.env.go.jp/kijun/oto1-1.html

〈29〉 U.S. Environmental Protection Agency. https://www.epa.gov/

〈30〉 MTA. New York City Transit Noise Reduction Report. http://web.mta.info/nyct/facts/noise_reduction.htm

〈31〉 Abbasi, M.A., et al., (2018). Study of the physiological and mental health effects caused by exposure to low-frequency noise in a simulated control room.

〈32〉 Fisher, S., (1983). "Pessimistic noise effects": the perception of reaction times in noise. Can J Psychol, 37, pp258-271.

〈33〉 Spence, C., (2014). Airplane Noise and the Taste of Umami.

〈34〉 Yan, K.S., Dando R., (2015). A crossmodal role for audition in taste perception. Journal of Experimental Psychology. Human Perception and Performance.

〈35〉 Ozcan, H.K., and Nemlioglu S. (2006). IN-CABIN NOISE LEVELS DURING COMMERCIAL AIRCRAFT FLIGHTS, Canadian Acoustics, Vol.34, No.4

〈36〉 Carvalho, R.F., and Spence, C., (2017). "Smooth operator": Music modulates the perceived creaminess, sweetness, and bitterness of chocolate. Appetite Vol.108, pp.383-390.

〈37〉 Woods, A.T., et al., (2010). Effect of background noise on food perception. Food Quality and Preference22 (2011). pp.42-47.

〈38〉 Zampini, M., and Spence, C., (2005). The Role of Auditory Cues in Modulating The Perceived Crispness and Staleness of Potato Chips.

〈39〉 Leuven, K.U., et al., (2016). Tune That Beer! Listening for the Pitch of Beer. Food Quality and Preference 53 (2016). pp.132-142

〈40〉 Montes, A., et al., (2008). Study shows music can enhance wine's taste. Wine and Spirit.

〈41〉 Wallace, D.S., and Harwood, J., (2018). Associations between shared musical engagement and parent-child relational quality: The mediating roles of interpersonal coordination and empathy.

〈42〉 Kuhl, P., Stevens, E., Hayashi, A., Deguchi, T., Kiritani, S., and Iverson, P., (2006). Infants show a faciliation effect for native language phonetic perception between 6 and 12 months.

〈43〉 Zhao, T.Christina., and Kuhl, P., (2016). Musical intervention enhances infants' neural processing of temporal structure in music and speech.

〈44〉 Habibi, A., Cahn, R.B., Damasio, A., and Damasio, H., (2016). Neural Correlates of Accelerated Auditory Processing in Children Engaged in Music Training.

〈45〉 (2018). NIH / Kennedy center workshop on music and the brain: Finding harmony.

〈46〉 Hospital, M.M., Morris, S.L., Wagner, F.E., and Wales, E., (2019). Music education as a path to positive youth development: An El Sistema - Inspired program.

〈47〉 Groussard, M., et al., (2010). When music and long-term memory interact: Effects of musical expertise on functional and structural plasticity in the hippocampus.

〈48〉 Riby, L.M., (2013). The joys of spring.

〈49〉 Nan, B., and Carol, A.C., (2000). Inter-domain transfer between mathematical skills and musicianship.

おわりに

楽しい会食も終盤を迎えたころ、ふとした間合いから、ニューヨークの話、サウンドとマーケティングやブランディングについてお話ししたそのときから、本書という一つの楽曲のプレリュード（前奏曲）が始まっていたのだと思います。

そのときの私のサウンド（話し）に耳を澄ましてくださった小宮一慶先生によって、『サウンドパワー』という一つの楽曲を作曲する機会をいただいたといっても過言ではないでしょう。ここにあらためて、小宮先生に心から感謝の意を表します。

はじめてディスカヴァー・トゥエンティワンに伺い、干場弓子社長にお目にかかった日、話の内容はもちろん、干場社長のサウンドとテンポは、私をとてもワクワクとさせ、それは、日本で日本語のコミュニケーションでありながらも、良い意味でニューヨークのミーティングのような緊張感と楽しいキラッとした印象を強くもちました。そして、ディスカヴァー・トゥエンティワンのウェブサイトの社長挨拶を読み、そのなかの二つのセンテンスが私にさらなるワクワク感を呼び起こしたのです。

一つは、「視点を変える、明日を変える」というセンテンス。

ありふれた日常も、ビジネスも、そして自分自身の行動や感情も、わたしたちがサウンドによって大きな影響を受けているということ。それらが本書によって、これまでの視点から、耳から捉える情報力や優位性に関心を向けてみる機会になるならば、今よりももっと明日を変えることができる、その可能性が大きくあることを伝えたいと感じたこと。

もう一つは、「紙にこだわらない　日本語にこだわらない　文字にこだわらない」というセンテンス。

日本語でも他の何語でもなく、世界共通のサウンドがあふれています。ニューヨークで聞こえる雨音は、東京でも同じサウンドです。サウンドも、クラシックの〇〇、ポップの〇〇などといった限定された音楽だけではなく、わたしたちは目的や意思をもってサウンドを創造し、そして干場社長の言葉を借りるならば「提案する価値の表現の形態」を、サウンドとしても発信することができるということ。

この二つのセンテンスによって、私は背中を強く押され、ディスカヴァー・トゥエンティワンから出版する喜びを感じながら執筆に向かうことができました。こうして本書を書き上げるパワーと機会を下さった干場社長に、深く感謝申し上げたいと思います。

長年ラボにおいて、いつも打てば響くように素晴らしいアシストをしてくれるソフィー、本書の執筆でもまた、感謝せずにはいられません。

執筆前に、本書の内容について興味深く耳を傾け、どんな内容が興味深いか、執筆に対するアドバイスを懇切ていねいにしてくれた、友人でライターの富永明子さん。彼女の応援は、友人として、そしてプロフェッショナルとして、本書の執筆に大きな支えとなり、心から感謝しています。

「茶の湯に見るおもてなしのサウンドスケープ」では、茶事の用語や流れ、そこに存在するサウンドについて、監修を快く引き受けてくれた幼なじみでもある、茶道裏千家 養和会 味岡宗靖さん。彼の細やかなアドバイスにより、リアルに和のおもてなし茶の湯のサウンドスケープを表現することができ、心から感謝しています。また、執筆をしながら、塩月弥栄子先生（味岡さんの御祖母様）に教えていただいた在りし日の記憶と、弥栄子先生のお声が思い出され、それはビゼーのオペラ「真珠採り」のアリア「耳に残るは君の歌声」にもあるように、人の声は長い年月を経ても、もう聞くことができなくとも、どんなサウンドであったか、そしてそのときの周りのサウンドも記憶のなかから思い出されることをあらためて認識するものになりました。

藤野能成歯科医師には、日本の歯科事情及び機材の日本語名称などのアドバイスや監修を引き受けていただき、西靖雄弁護士にはリーガルチェックやアドバイスをいただきました。心より感謝申し上げます。

本書の担当編集者である、ディスカヴァー・トゥエンティワンの堀部直人さんとは、原稿を送るたびに、スモールトークのコミュニケーションをしてきました。原稿の進みが停滞したときも、内容の感想やさまざまな質問を投げかけたときも、いつも的確なレスポンスと、思いやりのある表現によって、安心して書くことができました。

執筆を終えたある日のスモールトークで、私が「本を作ることは音楽家がサウンドを奏でていくことと似ている」と伝えたとき、「編集者は一冊の本が調和のとれたオーケストラになるように一生懸命指揮棒を振るコンダクターだなと思い、あらためて身が引き締まる思いです」とレスポンスをいただきました。

それは、とても嬉しく、また、担当編集者が堀部さんで良かったとあらためて思った瞬間でもあり、心より感謝しています。

そして、ディスカヴァー・トゥエンティワンのみなさまにも、厚く御礼を申し上げたいと思います。

本書の執筆に没頭する私を、日々サポートし温かく見守って応援してくれた愛する家族に、心からの感謝を送ります。

最後に、私が今日まで、絶えることのない関心をもって、サウンドに向き合うことができるのは、恩師であるR・アブラムソン博士、あなたの素晴らしい教えがあったからこそです。「音の探求にはゴールがありません」と何度聴いたことでしょう。いつまでも褪せることなく、私の音の探求も続く、そう確信しています。

心から深い感謝を込めて。

ミテイラー千穂

サウンドパワー
わたしたちは、いつのまにか「音」に誘導されている!?

発行日　2019年　7月25日　第1刷

Author　ミテイラー千穂

Book Designer　西垂水敦・市川さつき（krran）

Publication　株式会社ディスカヴァー・トゥエンティワン
〒102-0093　東京都千代田区平河町2-16-1 平河町森タワー11F
TEL　03-3237-8321（代表） 03-3237-8345（営業）
FAX　03-3237-8323
http://www.d21.co.jp

Publisher　干場弓子
Editor　干場弓子＋堀部直人

Marketing Group
Staff　清水達也　飯田智樹　佐藤昌幸　谷口奈緒美　蛯原昇　安永智洋　古矢薫
鍋田匠伴　佐竹祐哉　梅本翔太　榊原僚　廣内悠理　橋本莉奈　川島理
庄司知世　小木曽礼丈　越野志絵良　佐々木玲奈　高橋雛乃　佐藤淳基
志摩晃司　井上竜之介　小山怜那　斎藤悠人　三角真穂　宮田有利子

Productive Group
Staff　藤田浩芳　千葉正幸　原典宏　林秀樹　三谷祐一　大山聡子　大竹朝子
林拓馬　松石悠　木下智尋　渡辺基志　安永姫菜　谷中卓

Digital Group
Staff　伊東佑真　岡本典子　三輪真也　西川なつか　高良彰子　牧野類　倉田華
伊藤光太郎　阿奈美佳　早水真吾　榎本貴子　中澤泰宏

Global & Public Relations Group
Staff　郭迪　田中亜紀　杉田彰子　奥田千晶　連苑如　施華琴

Operations & Accounting Group
Staff　小関勝則　松原史与志　山中麻吏　小田孝文　福永友紀　井筒浩　小田木もも
池田望　福田章平　石光まゆ子

Assistant Staff　俵敬子　町田加奈子　丸山香織　井澤徳子　藤井多穂子　藤井かおり
葛目美枝子　伊藤香　鈴木洋子　石橋佐知子　伊藤由美　畑野衣見　宮崎陽子
並木楓　倉次みのり

Proofreader　文字工房燦光
DTP　株式会社RUHIA
Printing　大日本印刷株式会社

ISBN978-4-7993-2475-2